Stefanie Kühn, Markus Kühn

Investieren in Gold

Wie Sie das Edelmetall sinnvoll in Ihre Geldanlage integrieren

Stiftung Warentest

Inhaltsverzeichnis

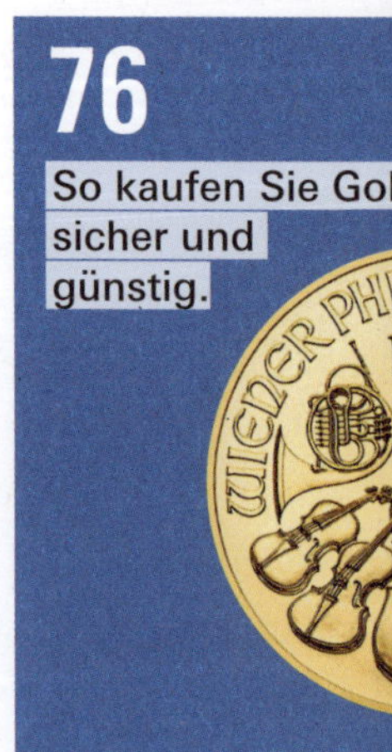

108 So lagern Sie Ihr Gold richtig.

36 Von der Mine bis zur Münze: Der Weg des Goldes.

70 Goldbarren und Goldmünzen in Originalgröße.

Was wollen Sie wissen?

Es gibt kaum ein anderes Material, das eine solche Faszination und Begehrlichkeit auslöst, wie Gold. Das gelbe Metall ist Sinnbild für Reichtum, Glanz und Glamour. Es steht aber auch für eine Geldanlageform, die Zeiten, Kriege und Krisen überdauert und ihren Wert behält. Jede Anlegerin und jeder Anleger sollte daher Gold als Beimischung zum Investment in Betracht ziehen.

Was ist so besonders an Gold als Anlageform?

Gold hat eine besondere kulturelle und historische Bedeutung in der Menschheitsgeschichte. Schon lange vor Christi Geburt wurde es als Macht-, Status- und Unvergänglichkeitssymbol betrachtet und als Werkstoff für wertvollen Schmuck und Grabbeigaben genutzt. Überdies wurde ihm seit jeher auch eine politische Bedeutung beigemessen, da derjenige, der es in größeren Mengen besaß, Armeen aufstellen und unterhalten und damit die eigene Herrschaft sichern und ausbauen konnte. Diese Faszination und sein Nimbus halten bis in die heutige Zeit an.

Zwar kommt Gold insgesamt gesehen relativ häufig auf der Erde vor, der Abbau und die Gewinnung ist aber oft technisch unmöglich oder unrentabel. Nur wenige Lagerstätten können tatsächlich abgebaut werden Daher ist Gold ein knapper und damit wertvoller Rohstoff.

Mehr dazu erfahren Sie im Abschnitt „Eine kurze Geschichte des Goldes“ ab Seite 12.

Was sind die Vorteile eines Goldinvestments?

Gold ist ein Sachwert, der unabhängig von Geldwertschwankungen und Inflation einen hohen Wert besitzt. Es ist wahrscheinlich, dass die Goldproduktion in Zukunft beständig abnimmt, da immer weniger Goldvorkommen gefunden werden und der Abbau mit steigenden Kosten verbunden ist. Gold bleibt daher ein knapper Rohstoff, was den Preis vor einem starken Verfall schützen sollte. Überdies kann Anlagegold bei Banken und Goldhändlern in der Regel schnell verkauft und damit „flüssig" gemacht werden. In Krisenzeiten kann Gold als sicherer Hafen dienen und immer auch zur Risikostreuung im Portfolio genutzt werden. Gold bringt keine Erträge, kann aber stabilisierend wirken, da der Goldpreis sich häufig gegenläufig zu den Preisen anderer Anlageklassen wie Anleihen oder Aktien entwickelt.

Zu diesem Thema erfahren Sie mehr im Abschnitt „Vor- und Nachteile eines Goldinvestments" ab Seite 26.

Und was sind die Nachteile?

Anleger, die größere Summen Gold in physischer Form besitzen, müssen diese sicher verwahren und benötigen dafür besondere Tresore im eigenen Haus, bei einer Bank oder einem Goldhändler.

Darüber hinaus ist Gold meist kein „grünes" oder ethisch-nachhaltiges Investment, da der Abbau von Gold oft mit gravierenden Eingriffen in Ökosysteme verbunden ist. Außerdem gibt es oft Kritik an den Arbeitsbedingungen, unter denen die Goldförderung stattfindet.

Mehr dazu erfahren Sie ebenfalls im Abschnitt „Vor- und Nachteile eines Goldinvestments" ab Seite 26.

In welcher Form kann ich physisches Gold kaufen?

Wollen Sie echtes Gold kaufen und bei sich zu Hause oder in einem externen Tresor verwahren, sollten Sie sich auf Goldbarren und -münzen statt auf Goldschmuck konzentrieren. Auch Sammlermünzen eignen sich eher nicht als Investment. Für die Goldanlage sollten Sie sich auf gängige Goldanlagemünzen und Goldbarren konzentrieren. Bei den Münzen sind zum Beispiel der südafrikanische Krügerrand, der kanadische Maple Leaf, der Wiener Philharmoniker, der China Panda oder das Australian Kangaroo erste Wahl.
Bei Goldbarren unterscheidet man zwischen geprägten Goldbarren, die meist bis 100 Gramm angeboten werden, und gegossenen Barren.
Details lesen Sie im Abschnitt „Physisches Gold kaufen“ ab Seite 68.

Kann ich auch über Wertpapiere in Gold investieren?

Anleger können etwa in sogenannte Gold-ETC (Exchange Traded Commodities) investieren. Einige Anbieter besichern diese Wertpapiere mit echtem Gold und bieten auch währungsgesicherte Produkte an.
Eine weitere Anlagemöglichkeit sind gemanagte Fonds oder ETF, die in Unternehmen aus der Goldbranche investieren. Oft sind dabei auch Unternehmen aus weiteren Rohstoffbereichen wie Silber, Platin oder Palladium enthalten. Möglich sind auch Einzelaktien von Goldminenbetreibern. Das Risiko hierbei ist jedoch hoch. Denn deren Wert hängt nicht nur von der Entwicklung des Goldpreises ab, sondern auch von der Entwicklung des gesamten Aktienmarktes.
Mehr dazu lesen Sie in den Abschnitten „Gold-ETC“, ab Seite 86, und „Fonds und ETF auf Gold-Unternehmen“ ab Seite 90.

Wo kaufe ich physisches Gold am besten?

Anbieter von physischem Gold sind in der Regel Banken und Edelmetallhändler, die auch Shops im Internet betreiben.
Vermeiden Sie unbedingt unseriöse Ladengeschäfte, ebenso wie Onlineshops oder Auktionshäuser, die nicht auf kuratierten Listen als geprüfte Händler aufgeführt sind.

Achten Sie beim Goldkauf vor allem auf den Aufschlag zum aktuellen Börsenpreis, der sich nach Anbieter und vor allem nach der Gewichtseinheit deutlich unterscheiden kann.
Einzelheiten erfahren Sie in den Abschnitten „Vorsicht vor Betrügern", ab Seite 100, und „Gold kaufen – sicher und günstig" ab Seite 76.

Wo bewahre ich mein Gold am sichersten auf?

Wertgegenstände zu Hause aufzubewahren, birgt stets ein gewisses Risiko. Ein passend ausgewählter Tresor bietet aber bereits einen guten Schutz vor Diebstahl. Ein Bankschließfach ist die sichere Variante. Hier gibt es verschiedene Anbieter. Allerdings haben Sie Ihr Gold so nicht mehr im direkten Zugriff, was vielleicht Ihrer Intention als Krisenwährung widerspricht.

Letztlich kommt es auch auf den Wert Ihrer Goldvorräte an. Für einige Münzen oder umgerechnet wenige tausend Euro lohnt sich nicht die dauerhafte Miete eines Bankschließfaches.
Mehr zu diesem Thema lesen Sie im Abschnitt „Physisches Gold richtig lagern" ab Seite 108.

Ich habe Gold geerbt und möchte es verkaufen. Wie geht das?

Bekannte und beliebte Goldmünzen und Goldbarren zur Geldanlage sind meist standardisierte Produkte. Das hat beim Verkauf den Vorteil, dass deren Preise vorab leicht ermittelbar und vergleichbar sind. Zu den gängigen Anlagemünzen zeigen Goldhändler und Goldplattformen im Internet tagesaktuelle oder öfter am Tag aktualisierte Preise an. Die Preise, zu denen die Goldhändler die Anlagemünzen von Ihnen kaufen würden, werden Ankaufspreise genannt. Den Unterschied zwischen dem Preis, zu dem der Goldhändler von Ihnen kaufen würde, und seinem eigenen Verkaufspreis bezeichnet man als „Spread“. Er bildet die Marge des Händlers.

Lesen Sie dazu die Abschnitte „Gold verkaufen“ ab Seite 114, „Gold verschenken und vererben“, ab Seite 125, und „Steuern bei physischem Gold“ ab Seite 130.

Kann ich auch Goldschmuck verkaufen?

Ja, auch anderes Gold wie Sammlermünzen, Essbesteck oder Uhren können Sie bei Goldhändlern verkaufen. Stücke, die vom Händler nicht einfach weiterverkauft werden können, werden eingeschmolzen und recycelt. Man spricht daher bei dieser Art Gold von „Altgold“. Bei diesem bestimmt sich der Wert nach dem enthaltenen Materialwert, der sich wiederum am aktuellen Goldpreis orientieren sollte. Viele Goldhändler im Internet bieten auch Rechner an, mit denen Sie errechnen können, welchen Preis Ihnen der Händler – vorbehaltlich seiner abschließenden Prüfung – für Ihr Gold zahlen würde. Mehr hierzu erfahren Sie im Abschnitt „So verkaufen Sie Altgold“ auf Seite 117.

Wer sind die größten und wichtigsten Käufer von Gold?

Auf der Nachfrageseite kann man Zentralbanken, Schmuck- und Uhrenhersteller, Industrieunternehmen sowie Anleger und Privatpersonen unterscheiden.
Größter Abnehmer ist die Schmuckindustrie. Vor allem in Indien, China, den USA, der Türkei und einigen anderen Ländern ist die Nachfrage der Schmuckindustrie hoch. Mit einem Anteil von rund einem Viertel der weltweiten Nachfrage folgen Anleger und Privatpersonen. Sie kaufen Gold als Absicherung gegen Inflation, als Spekulationsobjekt und Teil ihres Anlageportfolios. Zentralbanken kaufen und halten Gold als Währungsreserve und Absicherung gegen Währungsrisiken. Industrieunternehmen nutzen Gold in der Elektronik und anderen technischen Anwendungen.
Zu diesem Thema erfahren Sie mehr im Abschnitt „Zahlen und Fakten rund um Gold“ ab Seite 18.

Was sind die größten Handelsplätze für Gold?

Der London Bullion Market ist einer der wichtigsten Handelsplätze für Gold weltweit. Es werden täglich über 600 Tonnen Gold gehandelt. Der Londoner Goldmarkt ist recht intransparent und nichts für Privatanleger. Der Handel findet meist zwischen Herstellern, Produzenten, Großhändlern, Banken und institutionellen Investoren statt. Die größten Börsen für den börslichen Goldhandel befinden sich in New York (New Yorker COMEX) und Shanghai (Shanghai Gold Exchange). An diesen großen Handelsplätzen werden die Preise „gemacht“.
Für Privatanleger sind vertrauenswürdige Geschäfte und Onlineshops die erste und wichtigste Anlaufstelle.
Mehr dazu siehe ebenfalls Abschnitt „Zahlen und Fakten rund um Gold“, ab Seite 23.

Der Ruf des Goldes

Gold wurde schon in frühester Zeit als Symbol für Reichtum und Macht, als Schmuck und als Tauschmittel verwendet. Bis heute hat die Faszination für Gold nichts von ihrem Reiz verloren: Wer an Reichtum denkt, denkt auch an Gold.

„Gold ist Geld. Alles andere ist Kredit“, soll John Pierpont Morgan (1837–1913), besser bekannt als J. P. Morgan gesagt haben. Als bedeutender amerikanischer Bankier, Industriemagnat und Gründer der J. P. Morgan & Co, die zu einer der einflussreichsten Banken der USA aufstieg, wusste er wohl, wovon er redete. Blickt man zurück auf die Geschichte des Goldes, zeigt sich, wie Gold seit Jahrtausenden die Aufmerksamkeit der Menschheit auf sich gezogen hat. Investoren, Zentralbanken und Regierungen auf der ganzen Welt nutzen Gold noch heute als Wertspeicher und Absicherung gegen wirtschaftliche Unsicherheit und Inflation, auch wenn es weder offizielles Zahlungsmittel ist, noch Erträge erzielt. Der Abbau von Gold ist aufwendig und geht oft mit ökologischen Schäden einher. Auch die sichere Lagerung ist weitaus mühsamer, als Wertpapiere in einem virtuellen Wertpapierdepot zu haben. Doch trotz solcher Nachteile von Gold gegenüber anderen Geldanlagen ist und bleibt es eine wichtige Anlageklasse, mit der Sie sich als Anlegerin oder Anleger eingehender beschäftigen sollten.

Eine kurze Geschichte des Goldes

Gold hatte in der Menschheitsgeschichte schon immer eine besondere Bedeutung. Kein anderes Material prägte die Kultur und Wirtschaft der Menschen wie Gold.

Sei es als Machtsymbol, Werkstoff für wertvollen Schmuck und Grabbeigaben oder als Zahlungsmittel und Spekulationsobjekt: Gold ist aus der Geschichte des Menschen nicht wegzudenken.

Auch wenn es mehrere Theorien zur Entstehung des Goldes gibt, herrscht wohl Einigkeit darüber, dass das Gold unseres Planeten nicht hier, sondern im All entstanden ist – lange bevor die Erde existierte. Es könnte bei einer Supernova-Kernfusion entstanden und bereits in dem Staub enthalten gewesen sein, aus dem sich unser Sonnensystem entwickelte. Da Gold schwerer als andere Elemente ist, sank es bei der Entstehung der Erde in tiefere Erdschichten. Teile davon wurden im Laufe der Jahrmillionen durch vulkanische Aktivitäten oder Meteoriteneinschläge in höher gelegene Erdschichten befördert, die von Menschen erreicht und abgebaut werden können. Geologen gehen davon aus, dass es in größeren Tiefen von etwa 5000 Metern noch große Goldvorkommen gibt. Der Abbau ist aber bis heute technisch unmöglich oder unrentabel. Nur wenige Minen erreichen Tiefen von 4000 Metern. In sehr kleinen Mengen ist Gold auf allen Erdteilen zu finden, als Spurenelement ist es sogar im menschlichen Körper oder im Meerwasser nachweisbar. Der wesentliche Goldbestand wurde und wird mit Mitteln des Tage- und Bergbaus abgebaut, da Gold häufig in Quarzgängen oder anderen Gesteinen eingeschlossen ist.

Gold in Kultur und Gesellschaft

Doch neben diesen werkstofflichen Eigenschaften ist vor allem die kulturelle Bedeutung von Gold interessant. Die ältesten Schmuck- und Kultgegenstände aus Gold wurden in einem Gräberfeld an der bulgarischen Schwarzmeerküste gefunden – nicht, wie man vermuten könnte, in Ägypten. In der nach dem Gräberfeld benannten Varna-Kultur gab es schon in der Zeit um 4400 bis 4100 vor Christus eine hoch entwickelte Handwerkskunst. In einem der Gräber befanden sich annähernd eintausend Goldobjekte mit einem Gewicht von fast zwei Kilogramm. In vielen anderen wichtigen historischen Fundstätten wie den rund 4500 Jahre alten Königsgräbern von Ur, den

Königsgräbern von Sipan in Peru (1. bis 8. Jahrhundert nach Christus) oder dem Grab des Tutanchamun in Ägypten – um nur einige wenige zu nennen – wurden handwerklich hochwertig verarbeiteter Goldschmuck und goldene Grabbeigaben gefunden. Archäologen schlossen daraus, dass Gold schon in frühester Menschheitsgeschichte nicht nur Macht und Status einer höhergestellten Person symbolisierte, sondern auch – wegen seines dauerhaften Glanzes – Unvergänglichkeit. Sogar die Bibel erwähnt Gold an Hunderten Stellen und zeigt dessen frühe gesellschaftliche Bedeutung.

Gold war auch politisch immer schon bedeutend. Wer größere Goldmengen besaß, konnte Armeen aufstellen und unterhalten und damit die eigene Herrschaft sichern und ausbauen. Dabei waren in der älteren Vergangenheit militärische Erfolge wesentlich effektiver als der Bergbau, um schnell an große Mengen Goldes zu gelangen. Beispielsweise erbeuteten Alexander der Große (356 bis 323 v. Chr.), Julius Cäsar (100 bis 44 v. Chr.) oder Karl der Große (747/748 bis 814 n. Chr.) bei ihren Feldzügen immense Goldbestände, mit denen sie ihre Macht konsolidierten und erweiterten.

Konquistadoren und Goldräusche

Die Gier nach Gold trieb im 15. Jahrhundert auch die portugiesischen und spanischen Entdecker und Konquistadoren an. Sie stellte deren anfänglichen christlichen Missionseifer schnell in den Hintergrund; dies endete für viele Ureinwohner Süd- und Mittel-Amerikas tödlich. Schon im Bordtagebuch von Christoph Kolumbus berichtet dieser an verschiedenen Stellen über Gold, das einige der Ureinwohner bei sich trugen.

1693 begann im brasilianischen Bundesstaat Minas Gerais der erste moderne Goldrausch. Nach der Entdeckung eines großen Goldvorkommens entwickelte sich der Ort Ouro Preto zu einer der größten Städte Amerikas und zählte um 1750 doppelt so viele Einwohner wie New York. Brasilien lieferte im 18. Jahrhundert ungefähr 1000 Tonnen Gold, mehr als 60 Prozent der seinerzeit weltweit geförderten Menge.

Mitte des 19. Jahrhunderts kam es in Kalifornien zu einem weiteren Goldrausch. Nachdem sich die Nachricht von Goldfunden am American River verbreitet hatte, suchten zunächst immer mehr Goldsucher ihr Glück, indem sie nach Nuggets schürften und in den Flüssen Gold wuschen. Einige Jahre später entwickelte sich dann schon eine regelrechte Industrie, die mit hydraulischen Pumpen ganze Hänge abspülte und mit Schwimmbaggern Flussbetten absuchte. Ähnlich lief es beim großen Goldrausch im australischen New South Wales, der 1851 einsetzte.

Kurz darauf gab es auch Goldfunde in Südafrika. Hier wurde der Bergbau schnell zu einem Motor der Industrialisierung. Die Minen wurden zügig mittels Eisenbahnlinien mit den Hafenstädten verbunden, womit eine Infrastruktur geschaffen wurde, die Südafrika zu einem bedeutenden Spieler im weltweiten Goldhandel machte.

Der erste Goldstandard

Getrieben von den beiden seinerzeit stärksten Industriestaaten Großbritannien und dem Deutschen Reich entwickelte sich zwischen 1871 und 1914 das aus historischer Perspektive wohl umfassendste internationale Währungssystem, dem sich unter anderem auch die skandinavischen Länder und Frankreich anschlossen. Dieser „klassische Goldstandard" garantierte stabile Wechselkursraten für die Umwandlung nationaler Währungen in Gold. Somit konnte auch jede der Goldwährungen zu festen Wechselkursen in eine andere konvertiert werden. Die jeweiligen Zentralbanken sorgten für die Stabilität der eigenen Währung. Wurden in einem Land weniger Waren exportiert als importiert, floss Geld ab und die Goldreserven sanken. Die Zentralbank musste daraufhin das Zinsniveau erhöhen, um Geldströme wieder ins eigene Land zu ziehen und die Reserven wieder aufzubauen. Die beteiligten Zentralbanken waren auch bereit, sich bei Engpässen gegenseitig Gold zu leihen. Währungsabwertungen hingegen waren tabu, die Stabilität der goldgedeckten Währung hatte oberste Priorität. Mit Beginn des Ersten Weltkrieges hoben Großbritannien, das Deutsche Reich, Frankreich, Österreich und Russland die Goldeinlösepflicht ihrer Zentralbanken auf.

Der Goldstandard, also die Einlösepflicht der eigenen Währung in Gold zu einem festen Kurs, wurde in den Ländern jedoch zunächst beibehalten und verstärkte später die Weltwirtschaftskrise ab 1929. Denn da die Zentralbanken bei einer negativen Leistungsbilanz die Zinsen erhöhen mussten, um die eigenen Goldreserven zu schützen, tat sie genau das Gegenteil von dem, was den Unternehmen und Privatpersonen geholfen hätte. Die gestiegenen Kreditzinsen führten Letztere oft in den Ruin oder verhinderten zumindest eine Ankurbelung der Konjunktur. Die Erfahrungen aus dieser Zeit sind übrigens ein Grund, warum die Zentralbanken in der jüngeren Vergangenheit bei jeder Krise reflexartig die Zinsen gesenkt haben. Man wollte den Fehler der Weltwirtschaftskrise nicht wiederholen. Letztlich verabschiedeten sich die Goldstandardländer von diesem. Die USA kehrten jedoch unter ihrem Präsidenten Roosevelt 1934 mit dem Gold Reserve Act wieder zum Goldstandard zurück und legten den Goldpreis pro Unze auf 35 Dollar fest. Zuvor hatten alle Amerikaner ihr Gold jedoch zum alten Preis von 20,67 Dollar an die US-Notenbank verkaufen müssen. Gold im Wert bis 100 Dollar durften sie behalten. Das amerikanische Gold wurde damit verstaatlicht. Aufgrund des „Freibetrages" war der Aufschrei in der Bevölkerung allerdings gering.

Das Währungssystem von Bretton Woods

Im Juli 1944 trafen sich Vertreter von 44 Staaten in dem kleinen Ort Bretton Woods in

New Hampshire, USA, um die Weltwirtschaft der Nachkriegszeit zu regeln. Man einigte sich auf den US-Dollar als Leitwährung, dessen Wechselkurs gegenüber einer Unze Feingold weiterhin mit 35 US-Dollar festgelegt wurde. Die US-Zentralbank sollte diesen Kurs durch Goldkäufe und -verkäufe sicherstellen. Die Wechselkurse der anderen Währungen wurden gegenüber dem US-Dollar fixiert und die Zentralbanken verpflichtet, diese Wechselkurse durch ihre Geldpolitik innerhalb einer Bandbreite von 1 Prozent zu halten. Falls einzelne Staaten dies nicht schafften, sollte ihnen der neu geschaffene Internationale Währungsfonds (IWF) helfen. Das Bretton-Woods-System hatte jedoch nur eine begrenzte Dauer. Die amerikanischen Goldreserven nahmen seit 1957 stetig ab. Die hohen Kosten für den Vietnamkrieg und ein dauerhaftes Zahlungsbilanzdefizit lösten Spekulationen zur Abwertung des Dollars aus. 1971 verkündete US-Präsident Nixon das Ende der Goldkonvertibilität des US-Dollars und damit die Aufhebung des Gold-Dollar-Standards. 1973 wurden das Bretton-Woods-System außer Kraft gesetzt und die Wechselkurse freigegeben.

Gold wird Spekulationsobjekt

Erst durch die Abkopplung vom festen Dollar-Gold-Wechselkurs konnte sich der Goldpreis auch frei entwickeln. Im Mai 1972 stieg er über die 50-Dollar-Marke, ein Jahr später über 100 Dollar pro (Fein-)Unze. 1980 erreichte der Goldpreis zwischenzeitlich seinen vorläufigen Höchststand von über 850 Dollar, was bei einer angenommenen durchschnittlichen Inflationsrate von 2 Prozent über 43 Jahre heute einen Preis von rund 2000 Dollar bedeutet, was ungefähr dem derzeitigen Goldpreis entspricht.

Vor allem Termingeschäfte hatten 1980 zum starken Preisanstieg geführt. Termingeschäfte sind nach ihrer Grundidee Finanzgeschäfte, mit denen sich Produzenten und Konsumenten gegen volatile Preise bei Rohstoffen absichern können, indem sie feste Preise vereinbaren, zu denen die Anbieter die Ware in der Zukunft liefern müssen. Ende der 1970er-Jahre erhöhte sich das Handelsvolumen der Gold Futures an den Terminbörsen in den USA deutlich, da diese nun zunehmend statt zur Absicherung als Spekulationswerkzeug genutzt wurden. Dazu kamen weitere Faktoren, die Anfang 1980 den Goldpreis zusätzlich in die Höhe trieben: Zum einen ging das globale Goldangebot zurück, als die USA und die Sowjetunion ihre Goldverkäufe vorübergehend einstellten. Zum anderen erschütterten zur Jahreswende 1979/80 die Islamische Revolution im Iran und dessen Umgestaltung in einen religiös geprägten Staat sowie der Einmarsch der Sowjetarmee in Afghanistan die westliche Welt. Nach der Revolution im Iran verdoppelte sich der Ölpreis und viele Anleger wollten wegen wieder zunehmender Inflationsängste in Gold investieren. Hinzu kam, dass in einigen Ländern wie den USA und Japan erst in den 1970er-Jahren das Ver-

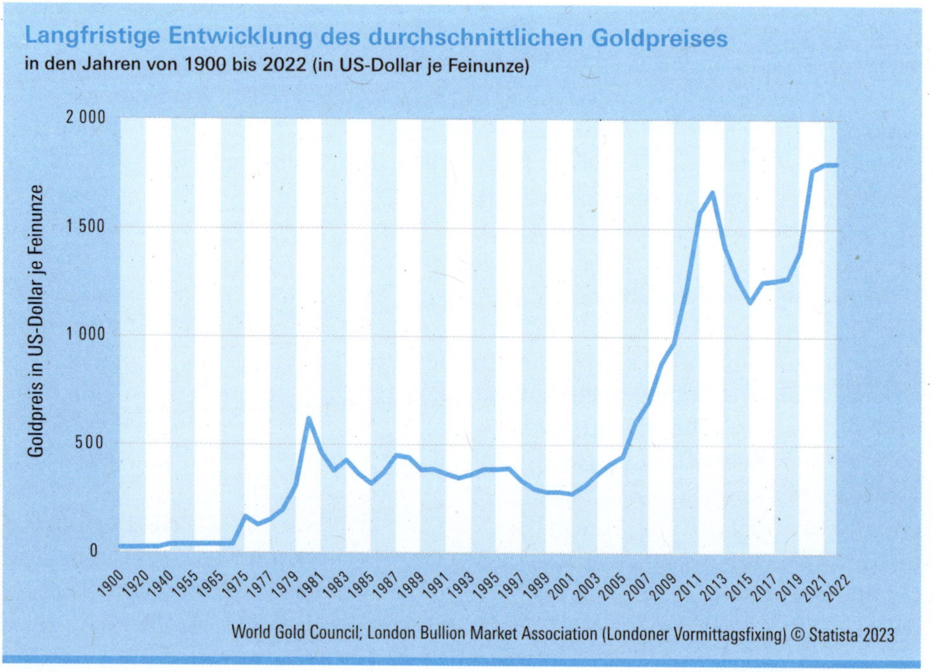

bot des Goldbesitzes für Privatleute aufgehoben wurde. Dies führte zu einem weiteren Nachfrageschub bei Gold, der 1980 in ein vorläufiges Allzeithoch mündete.

Auch wenn der Goldpreis danach wieder fiel, hatte sich ein höheres Preisniveau eingestellt. Zwischen 1982 und 2005 tat sich jedoch relativ wenig. Die Kurse in US-Dollar je Feinunze bewegten sich meist zwischen 300 und 400 Dollar. Doch dann nahm der Goldkurs Fahrt auf. Im Oktober 2009 erreichte der Goldpreis erstmals die 1000-Dollar-Marke und stieg im September 2011 kurzfristig auf über 1900 Dollar. Nach einer Beruhigung in den Folgejahren kletterte der Goldpreis im August 2020 erstmals kurzzeitig über die Marke von 2000 Dollar.

Ein Grund für die steigenden Preise im neuen Jahrtausend waren die zunehmenden und teilweise ausufernden Staatsschulden der USA und vieler anderer Länder sowie die lockere Geldpolitik der großen Zentralbanken. Letztere pumpten vor allem während der Finanzkrise 2008 und der Eurokrise 2010 viel Liquidität in die Märkte. Das führte bei Anlegern zu zunehmender

Angst vor steigender Inflation und somit verstärkten Investitionen in Gold.

Gold-ETF befeuern die Spekulation

2004 wurde ein mächtiger Spieler mit großem Einfluss auf die Goldpreisentwicklung ins Leben gerufen: der SPDR Gold Trust, heute bekannt als SPDR Gold Shares. Dabei handelt es sich um einen in Deutschland nicht zum Handel zugelassenen ETF (Exchange Traded Fund), also einen Fonds, mit dem man institutionellen Investoren die Möglichkeit gab, in Gold zu investieren, ohne es physisch kaufen, lagern und verkaufen zu müssen. Der SPDR Gold Shares verbrieft einen Anteil an Goldbarren und wurde entworfen, um den Preis einer Zehntel Unze Gold nachzuvollziehen. Wenn der Anteilspreis sich vom Goldpreis unterscheidet, tauscht das Fondsmanagement jeweils 100 000 Anteile gegen 10 000 Feinunzen Gold. Damit verläuft der Preis des ETF immer weitgehend parallel zum Goldpreis. Dieser Gold-ETF rangierte zwischenzeitlich unter den zehn größten Goldbesitzern weltweit und lagerte etwa mehr Gold als China.

Der SPDR Gold Shares ist in Deutschland nicht zugelassen, da Fonds laut dem Kapitalanlagegesetz eine Risikostreuung durch verschiedene Anlagen aufweisen müssen – was bei einem reinen Gold-ETF naturgemäß nicht der Fall ist. Daher können Goldprodukte in Deutschland nur als Inhaberschuldverschreibung angeboten werden, zum Beispiel als ETC (Exchange Traded Commodities, börsengehandelte Rohstoffe). Siehe auch den Abschnitt „Gold-ETC“, ab Seite 86.

Der SPDR Gold Shares und weitere ähnlich konstruierte Goldprodukte fragten zeitweise weltweit ein Viertel bis ein Drittel des weltweit gehandelten Goldes nach, hatten damit einen bedeutenden Einfluss auf den Goldpreis und trugen auch zu Preisschwankungen bei. Große Verkäufe verstärkten Preisverluste. So soll unter anderem der SPDR Gold Shares zum Mini-Crash des Goldpreises im April 2013 beigetragen haben, als in den Medien berichtet wurde, dass er rund 800 Tonnen Gold verkauft hatte. Ende 2015 lag der Goldbestand des ETF nur noch bei rund 630 Tonnen. Der Goldpreis stabilisierte sich dann in den Jahren 2016 bis Mitte 2019 zwischen rund 1200 und 1350 Dollar.

Entwicklung bis heute

Leitzinssenkungen und eine expansive Geldpolitik machten Gold in den folgenden Jahren für Anleger wieder attraktiv und es ging wieder aufwärts mit dem Preis. Auch viele Notenbanken begannen nach der Finanzkrise 2009 wieder, Gold zu kaufen und als Liquiditätsreserve in den eigenen Tresoren zu lagern.

Da Gold in Krisenzeiten häufig auch ein beliebtes Fluchtziel für Anleger ist, die nach wertstabilen Alternativen zu Bargeld suchen, trieb die Corona-Pandemie den Goldpreis 2020 auf ein vorläufiges Allzeithoch von 2075 Dollar.

Zahlen und Fakten rund um Gold

Das jährliche Goldangebot lag in den vergangenen zehn Jahren relativ stabil bei gut 4500 Tonnen. Drei Viertel davon wurden in Minen neu gefördert, ein Viertel ist recyceltes Gold.

Gliedert man die weltweite Goldnachfrage in einzelne Sektoren, zeigte sich beispielsweise im Jahr 2022 folgendes Bild: 47 Prozent des weltweiten Goldbestands wurden vom Schmuckgewerbe nachgefragt, 24 Prozent entfielen auf Anleger, 6 Prozent auf die Industrie und 23 Prozent auf die Zentralbanken.

Die weltweite Goldnachfrage wird vor allem von der Schmuckindustrie, in geringerem Maße von Anlegern und den Zentralbanken bestimmt. Die Nachfrage aus der Industrie lag in den letzten Jahren relativ konstant bei rund 300 Tonnen. Den größten Anteil bildete dabei mit rund 82 Prozent die Elektronikindustrie, rund 3 Prozent wurden von der Zahnmedizin nachgefragt.

Die Goldnachfrage der Schmuckindustrie

Das Schmuckhandwerk verarbeitet Gold schon seit Jahrtausenden zu Ringen, Broschen, Ketten und sonstigem Schmuck und ist der wichtigste Nachfrager physischen Goldes. Vor allem in Indien ist es eine besondere Tradition, zu Hochzeiten Goldschmuck zu schenken oder gar die Aussteuer damit zu zahlen.

Die soziale Stellung einer Familie zeigt sich dort unter anderem daran, wie viel Goldschmuck die Tochter bei der Hochzeit trägt und als Mitgift in die Familie einbringt. Da mehr als 500 Millionen Inder im heiratsfähigen Alter von unter 25 Jahren sind, dürfte die Goldnachfrage aus Indien weiterhin hoch sein.

Ähnlich hoch ist die Nachfrage in China. Dort fragte die Schmuckindustrie 2022 mit über 570 Tonnen fast so viel Gold nach wie Indien (601 Tonnen). Weitere wichtige Märkte für Goldschmuck sind die USA, die Türkei, Saudi-Arabien und die Vereinigten Arabischen Emirate.

Die Goldnachfrage privater Anleger

Deutsche Privatanleger kauften und kaufen seit Jahren sehr viel Gold. Allein im Jahr 2022 waren es über 180 Tonnen in Form von Münzen und Barren – das entspricht einer Summe von über 10 Milliarden Euro. Damit steht Deutschland weltweit auf Platz zwei nach China. Auch 2020 und 2021 sahen große Zukäufe, was nicht zuletzt auf die Verunsicherung durch die Corona-Pandemie und 2021 bereits ansteigende Inflationsrate zurückzuführen sein dürfte. Mehr dazu siehe den Abschnitt „Vor- und Nachteile eines Goldinvestments“ ab Seite 26.

Gold in der Industrie

Gold ist ein weiches Metall, das auch kalt verformt und geschmiedet werden kann, und es war neben Bronze und Kupfer eines der ersten Metalle, die die Menschen verarbeiten konnten. Es hat eine große Dehnbarkeit und sehr gute Leiteigenschaften, weshalb es unter anderem auch in der Elektroindustrie verwendet wird. Ein Gramm Gold kann dort beispielsweise zu einer Fadenlänge von bis zu drei Kilometern verarbeitet werden.

Überdies hat Gold eine hohe Duktilität – aus dem Lateinischen von ducere (ziehen, führen, leiten). Die Duktilität zeigt, wie stark sich ein Werkstoff bei Belastung plastisch verformen kann. Anders als Gold hat beispielsweise Glas eine sehr niedrige Duktilität und bricht ohne erkennbare Verformung.

Mit ein bis zwei Gramm Gold kann eine Fläche von einem Quadratmeter vergoldet werden. Diese Form der Verarbeitung, das sogenannte Blattgold, wurde zum Beispiel genutzt, um Schlösser, Tempel und Kirchen zu verzieren. Auch die Statue der Viktoria auf der Berliner Siegessäule – im Volksmund auch „Goldelse“ genannt – ist in

HÄTTEN SIE’S GEWUSST?

2021 besaßen die Deutschen 9089 Tonnen Gold.

Die vorrangig genannten Gründe für Goldinvestments sind

Werterhalt
(ca. 44 Prozent)

Schutz vor Inflation
(ca. 33 Prozent)

Ästhetik
(ca. 31 Prozent)

reale, wertdichte Anlage in den Händen
(ca. 30 Prozent).

Die Bundesbank besaß 2021 „nur“ 3 362 Tonnen Gold.

Der Gesamtwert des im Jahr 2021 in Deutschland befindlichen Goldes betrug 616 Mrd. Euro.

Reisebank-Studie, durchgeführt von CFin – Research Centers for Financial Studies der Steinbeis-Hochschule Berlin

Wahrheit nur eine Bronzefigur, die mit Gold überzogen ist.

Auch in der Raumfahrt ist Gold sehr wichtig. Goldfolien an Satelliten etwa sind Hitzeschilde gegen die extremen Temperaturen im Weltall. Auch die riesigen Spiegel des James-Webb-Weltraumteleskops sind mit einer hauchdünnen Goldschicht überzogen. Die Forscher wollen damit Licht im Infrarotbereich beobachten. Gold reflektiert bis zu 99 Prozent dieses Lichts – so gut wie kein anderes Material auf Erden.

Gold ist als Edelmetall praktisch korrosions- und oxidationsfrei. Da es mit fast keinem anderen Element reagiert, lässt es sich nahezu unbegrenzt wieder extrahieren und recyclen.

Das Gold der Zentralbanken

Seit Ende der Finanzkrise 2009 haben einige Länder begonnen, ihre Vorräte an physischem Gold wieder aufzustocken und im eigenen Land einzulagern.

Seit dieser Zeit erhöhten sich die von Notenbanken weltweit gehaltenen Goldbestände um rund 5700 Tonnen und betrugen Anfang 2022 fast 35 600 Tonnen. Dies ist nach Angaben des Internationalen Währungsfonds der höchste Wert seit 1992.

Die Goldkäufe durch die Zentralbanken im Jahr 2022 lagen um 18 Prozent höher als im Vorjahr. Im ersten Quartal 2023 waren vor allem die Zentralbanken Singapurs, Chinas, der Türkei und Indiens für einen Großteil der gemeldeten Käufe verantwortlich.

Die Länder und Institutionen mit den größten Goldvorräten (in Tonnen, Stand März 2023):

1. USA (8133,5)
2. Deutschland (3354,9)
3. Internationaler Währungsfonds (2814,0)
4. Italien (2451,8)
5. Frankreich (2436,8)
6. Russland (2326,5)
7. China (2068,4)
8. Schweiz (1040,0)
9. Japan (846,0)
10. Indien (794,6)

Legendär ist das amerikanische Fort Knox im Bundesstaat Kentucky, das mit fast 4600 Tonnen einen großen Teil der amerikanischen Goldreserven beherbergt. Ein weiterer Teil des US-Goldes lagert in den Tresoren der Federal Reserve Bank in New York. Letzteres dürfte Kennern des dritten Teils des Films „Stirb langsam" mit Bruce Willis bekannt sein, in dem es eine Terroristengruppe beinahe schafft, die Goldvorräte der Notenbank aus New York herauszuschaffen.

Die größten Goldproduzenten

Experten schätzen, dass der Mensch bisher gut 209 000 Tonnen Gold im Tage- und Bergbau gefördert hat, zwei Drittel davon seit 1950. Man geht davon aus, dass von diesem Gold circa 46 Prozent in Schmuck „gebunden" sind, 22 Prozent in Münzen und Barren gegossen wurden und 17 Prozent bei Zentralbanken in Tresoren lagern. Da Gold nahezu unzerstörbar und somit im Gesamten noch irgendwo auf der Welt vorhanden ist, erhielte man einen Würfel von (nur) 22 Metern Kantenlänge, wenn man dieses ganze Gold entsprechend einschmelzen und formen würde. Die noch nicht geförderten, aber bereits entdeckten Goldreserven betragen rund 54 000 Tonnen.

China ist seit 2007 das größte Förderland weltweit. Es ist aber nicht nur größter Nachfrager und Produzent von Gold, sondern verfügt mit der Shanghai Gold Exchange (SGE) auch über einen der wichtigsten Umschlagplätze für physisches Gold.

Die Schweiz als größter Goldverarbeiter

Gefördertes Minengold, hochwertiges Roherz (sogenanntes Doré Gold) und Recycling-Gold müssen aufbereitet werden, damit sie zu Goldbarren, Münzen oder Schmuck weiterverarbeitet werden können. Das ist die Aufgabe von Goldraffinerien. Vier der weltweit größten Goldraffinerien, auch Scheideanstalten genannt, befinden sich in der Schweiz. Die Schweiz ist nach Großbritannien und vor China der zweitgrößte Goldimporteur der Welt. Auf den nachfolgenden Plätzen befinden sich Indien, Hongkong

Alles Gold dieser Welt

Zusammengenommen würde alles abgebaute Gold einen Würfel mit 22 m Kantenlänge ergeben. Er würde 208 874 Tonnen wiegen.

1. Schmuckindustrie: ca. 95 547 Tonnen, 46 %
2. Barren und Münzen (inkl. goldgedeckte ETF): ca. 46 517 Tonnen, 22 %
3. Zentralbanken: ca. 35 715 Tonnen, 17 %
4. Andere: ca. 31 096 Tonnen, 15 %
5. Bestätigte Reserven im Boden: ca. 54 000 Tonnen

Quelle: Metals Focus, Refinitiv GFMS, US Geological Survey, World Gold Council. Stand: Ende 2022.

HÄTTEN SIE'S GEWUSST?

Die zehn größten Goldproduzenten waren 2022 – geordnet nach der Förderung der im jeweiligen Land befindlichen Goldminen:

1. China (375,0 Tonnen)
2. Russland (324,7 Tonnen)
3. Australien (313,9 Tonnen)
4. Kanada (194,5 Tonnen)
5. USA (172,7 Tonnen)
6. Ghana (127,0 Tonnen)
7. Peru (125,7 Tonnen)
8. Indonesien (124,9 Tonnen)
9. Mexiko (124,0 Tonnen)
10. Usbekistan (110,8 Tonnen)

Quelle: Metals Focus; World Gold Council
Stand: 31. Dezember 2022

und die Türkei, wobei die Quellenlage zu den Mengenangaben nicht immer verlässlich ist.

Die bedeutendsten Scheideanstalten weltweit:

- **Valcambi** mit Sitz in der Schweiz ist mit Kapazitäten von rund 1600 Tonnen pro Jahr die weltweit leistungsstärkste Goldraffination und ein führender am Londoner Goldmarkt zertifizierter Barrenhersteller. Neben Goldbarren umfasst das Sortiment auch sogenannte Combibars, kleine abtrennbare Goldtafeln.
- **PAMP (Produits Artistiques Métaux Précieux) Suisse** ist der weltweit größte Hersteller geprägter Goldbarren.
- **Argor Heraeus,** ebenfalls aus der Schweiz, hat eine Produktionsfähigkeit von 800 Tonnen Gold pro Jahr. Argor Heraeus gehört zur Heraeus-Gruppe mit Sitz in Hanau (Deutschland), die weltweit führend bei Edelmetalldienstleistungen und -produkten sowie im Handel von industriell genutzten Edelmetallen ist.
- **Metalor** ist ein Edelmetallverarbeiter mit Sitz in Neuchâtel (Schweiz), der seit 2016 zur japanischen Gruppe von Edelmetallherstellern Tanaka Kikinzoku gehört.
- Die **Tanaka-Kikinzoku-Gruppe** ist ein japanischer Hersteller von Edelmetallen mit einem Schwerpunkt auf industriellen Produkten unter anderem für die

Elektronik-, Halbleiter- und Automobilbranche. Das Unternehmen besitzt „Good Delivery"-Status bei der London Bullion Market Association (LBMA) und ist darüber hinaus dort auch als „Good Delivery Referee" akkreditiert, prüft also andere Gold- und Silberschmelzunternehmen hinsichtlich der Einhaltung der LBMA-Standards.

- Die **Rand Refinery** hat ihren Sitz in Germiston, Südafrika. Sie hat im Auftrag des südafrikanischen Staates das alleinige Recht, die Anlage- und Kurantmünze Krügerrand zu prägen. Sie hat schätzungsweise ein Drittel des bisher weltweit geförderten Goldes bearbeitet. Seit dem Rückgang der stark ausgebeuteten südafrikanischen Förderstätten verarbeitet sie zunehmend Gold aus anderen afrikanischen Ländern (mittlerweile circa 75 Prozent des in Afrika geförderten Goldes).

Der Londoner Goldmarkt

Schätzungsweise 75 Prozent des weltweiten Goldhandels finden am London Bullion Market statt. Dort wird seit 1919 zweimal täglich (vormittags und nachmittags) das Goldfixing, also die Festsetzung des Goldpreises durchgeführt. Detaillierte Preise der „Morning Auction" und der „Afternoon Auction" gibt es auf der Seite www.lbma.org.uk. Den Handel koordiniert die London Bullion Market Association (LBMA), deren Mitglieder Unternehmen und Institutionen sind, die auf unterschiedliche Art in der Edelmetallbranche tätig sind. Die Preise setzen zwölf der Mitglieder – allesamt Banken – als sogenannte Marktmacher fest, und zwar für

- **den Spotpreis:** Das ist der Preis für die sofortige Lieferung physischen Goldes.
- **Termingeschäfte:** Das sind Transaktionen zwischen zwei Parteien, die sich auf den Kauf oder Verkauf von Gold in der

Die LBMA Good Delivery Liste (LGD) Zum Handel an der LBMA sind nur Goldbarren von Münzprägestätten und Scheideanstalten zugelassen, die spezielle Qualitätsanforderungen und Herstellungsstandards erfüllen. Diese Unternehmen werden in der „Good Delivery Liste" der LBMA geführt und werden regelmäßig überprüft und streng kontrolliert. Barren von Herstellern und Produzenten, auf denen dieses Gütesiegel prangt, werden international von nahezu allen Banken und Edelmetallhändlern akzeptiert und ohne Preisabschläge angekauft. Als Anleger sollten Sie daher Produkte dieser Unternehmen bevorzugen.

Zukunft einigen. Die Termingeschäft-Kontrakte haben eine Laufzeit von einem, drei oder sechs Monaten und einem Jahr oder länger.

- **Optionen:** Das sind Kaufrechte (Calls) oder Verkaufsrechte (Puts) ohne Verpflichtung zum Kauf oder Verkauf.

Der London Bullion Market (engl. Bullion: ungemünztes Edelmetall) ist recht intransparent, da dort OTC-Geschäfte (Over The Counter) getätigt werden. OTC-Handel bedeutet, dass die Geschäfte außerbörslich direkt zwischen zwei Parteien stattfinden und weniger Regulierungen als beim Handel an einer Börse unterliegen. Der Handel in London findet hauptsächlich zwischen Herstellern, Produzenten, Großhändlern, Banken und institutionellen Investoren statt. Es werden täglich über 600 Tonnen Gold gehandelt, was über 20 Millionen Feinunzen Gold entspricht. Das Mindesthandelsvolumen an der LBM beträgt in der Regel 1000 Unzen Feingold. Solche Handelsvolumen – mehr als die Notenbanken weltweit jährlich kaufen und fast doppelt so viel, wie jährlich gefördert wird – sind nur möglich, da der Großteil des Londoner Handels mit Kontrakten erfolgt, die mit Gold hinterlegt sind („Papiergold").

Gold wird rund um die Welt an außerbörslichen Märkten gehandelt. Dieser Handel beginnt in der Nacht von Sonntag auf Montag um 00:00 Uhr MEZ, wenn die Märkte in Japan öffnen, und endet am Freitag um 22:30 Uhr MEZ, wenn die Märkte in den USA schließen. Lediglich in der Zeit von 23:15 bis 00:00 MEZ gibt es von Montag bis Freitag eine 45-minütige Zeitspanne, in der die Märkte geschlossen sind. Einen tägli-

Der CoT-Report: Die Commodity Futures Trading Commission (CFTC) veröffentlicht wöchentlich den Commitments of Traders (CoT) Report. Regelmäßig freitags nach Börsenschluss werden darin die Positionierungen großer Marktteilnehmer an rund 60 verschiedenen US-Terminmärkten zusammengefasst. Der Bericht ist unterteilt in die Positionierungen der Commercials (das sind zum Beispiel Produzenten und Händler, die vor allem zur Absicherung an den Terminmärkten agieren), Non-Commercials (Großspekulanten) und Non-Reportables (kleine Banken, Handelshäuser, Privatanleger) und kann Aufschluss darüber geben, wie die einzelnen Gruppen den Markt einschätzen und ob sie eher auf der Käufer- oder Verkäuferseite stehen.

Tägliches Gold-Handelsvolumen

Weltweit in Mrd. US-Dollar

OTC-Handel	London Bullion Market	76,90
	Shanghai Gold Exchange	3,99
	Sonstige	15,38
Börsen	COMEX	55,85
	Shanghai Futures Exchange	17,14
	Shanghai Gold Exchange	0,95
	Sonstige	2,63
Gold-ETF	Europa	0,06
	Asien	0,19
	Sonstige	0,02

Stand: Juni 2023 Quelle: www.gold.org/goldhub/data/gold-trading-volumes

chen offiziellen Schlusskurs wie beispielsweise bei Aktienkursen gibt es bei den OTC-Märkten nicht.

Goldbörsen in den USA und China

Die größte Börse für den börslichen Goldhandel ist die New York Commodities Exchange (COMEX), die mit der New York Mercantile Exchange (NYMEX) verschmolzen wurde und seit 2008 zur CME Group gehört. An dieser Warenterminbörse läuft der Handel überwiegend über elektronische Handelssysteme. Die COMEX ist eine „Papiergold-Börse“, an der kaum noch echtes Gold den Besitzer wechselt. Vielmehr werden die dort abgeschlossenen Future-Geschäfte bei Ablauf in US-Dollar ausgeglichen. Es wird kein Gold zwischen den Parteien geliefert oder abgenommen. An der COMEX werden täglich rund eine halbe Million Optionen und Futures auf Gold gehandelt. Sie ist damit die liquideste Handelsplattform und zugleich die bedeutendste Terminbörse für den Futures-Handel.

Die schon erwähnte Shanghai Gold Exchange wurde 2002 gegründet und war lange Zeit nur für einige Großbanken zugänglich. 2014 öffnete der chinesische Goldmarkt dann für weitere internationale Marktteilnehmer. Seit 2016 läuft der physische Goldhandel dort ausschließlich in der chinesischen Währung Renminbi und der Goldpreis wird nicht wie sonst üblich in Unzen, sondern in Gramm berechnet.

Weitere wichtige Goldbörsen sind die Tokyo Commodity Exchange (TOCOM) in Tokyo, Japan, die Multi Commodity Exchange (MCX) in Mumbai (Indien), die Dubai Gold and Commodities Exchange (DCGX) in Dubai (Vereinigte Arabische Emirate) und die Istanbul Gold Exchange (IGE) in der Türkei.

Vor- und Nachteile eines Goldinvestments

Zur Sinnhaftigkeit von Goldinvestments gibt es befürwortende wie ablehnende Meinungen. Vor allem, dass Goldanlagen keine Erträge liefern, ist ein beliebtes Argument der Goldkritiker.

Besonders bei den Deutschen ist Gold beliebt. Das hohe Ansehen – gerade in schwierigen Zeiten – zeigte auch eine Studie der Reisebank und des Research Center for Financial Services der Steinbeis-Hochschule Berlin aus dem Jahr 2021. Danach haben die Deutschen während der Corona-Pandemie ihren Goldbesitz ausgebaut. Gründe dafür waren vor allem die Suche der Anleger nach Werterhalt und Inflationsschutz sowie der Wunsch, einen realen Wert in der Hand zu halten. Laut der Studie besitzen 68 Prozent der Deutschen physisches Gold oder haben indirekt über Anlageprodukte wie ETC (börsengehandelte Rohstoffe) darin investiert. Deutsche Privatanleger besitzen mit über 9000 Tonnen fast dreimal so viel Gold wie die Bundesbank als Goldreserve hält.

Beständiger Wert

Gold ist ein Sachwert, also ein Wirtschaftsgut, das einen Gebrauchswert verkörpert, der grundsätzlich unabhängig von Geldwertschwankungen (Inflation) ist. Neben Edelmetallen werden auch Immobilien und

Beteiligungen an Unternehmen (zum Beispiel in Form von Aktien) zu den Sachwerten gezählt. Schon häufig war Gold in Zeiten wirtschaftlicher oder geopolitscher Krisen besonders begehrt und besitzt seit Menschengedenken ein hohes Ansehen. Ein völliger Wertverfall scheint nahezu ausgeschlossen.

Knapper Rohstoff

Gold ist – zumindest mit den derzeitigen Fördermethoden – ein knapper Rohstoff, dessen Förderung nicht beliebig ausgeweitet werden kann. Das meiste je geförderte Gold ist zu Schmuck verarbeitet worden oder lagert in Tresoren und steht dem Anlagemarkt nicht ohne Weiteres zur Verfügung. Schmuck müsste erst eingeschmolzen und weiterverarbeitet, das gehortete Gold von seinen Besitzern aufgegeben werden. Hier ist fraglich, wie weit die Preise steigen müssten, damit Besitzer von Schmuck- und „Tresorgold" ihr Gold verkaufen. Auf dem derzeitigen Preisniveau ist dies immerhin noch nicht der Fall.

Solange also die Gewinnung neuen Goldes durch Minen nicht stark ausgeweitet wird, bleibt der Zustrom dieses Rohstoffes an die Anlagemärkte beschränkt, was den Preis zumindest stabil halten dürfte. Die Grafik „Minenproduktion seit 2010 in Tonnen" zeigt, dass im Jahr 2018 die höchste

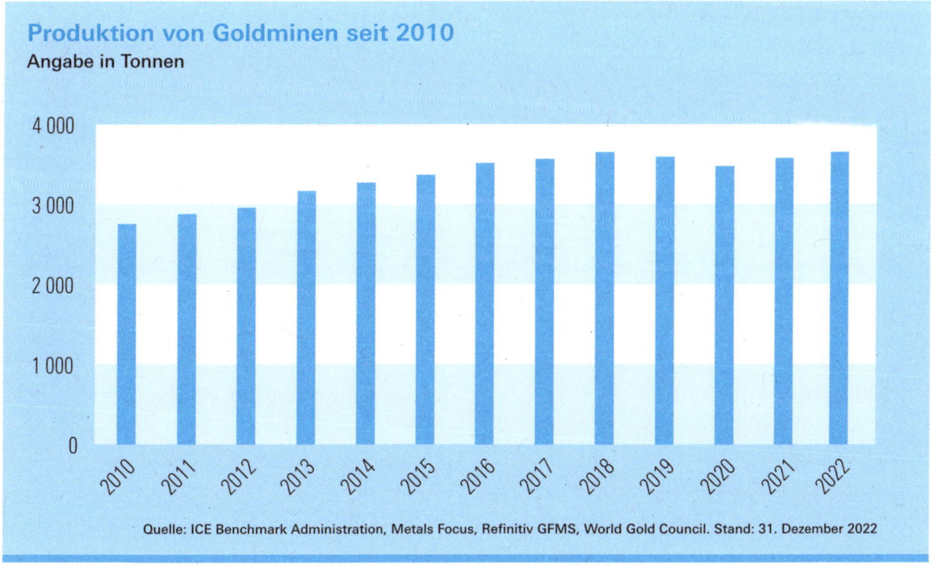

Steigende Entdeckungskosten

Alle größeren Gold-Entdeckungen seit 1990 (blaue Balken) im Verhältnis zu den Kosten für die Entdeckung (rote Linie). 2020 standen beispielsweise zwei Entdeckungen den Entdeckungskosten von 712,40 US-Dollar je Unze gegenüber.

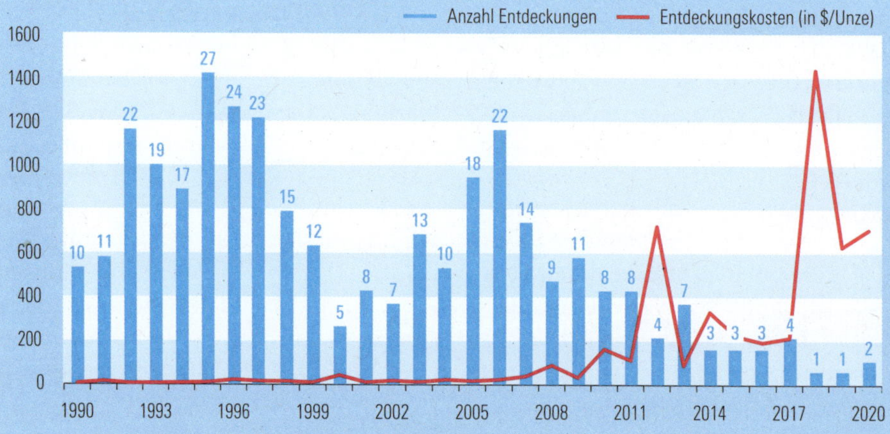

Quelle: www.spglobal.com – Kevin Murphy, „Gold RRS 2022 — Surge in recent discoveries". Stand: April 2022

Produktion von Gold aus Tage- und Bergbau erfolgte und seitdem wieder leicht nachgelassen hat.

Einige Experten sprechen bereits vom „Peak Gold", also dem Höhepunkt der Goldproduktion und dass diese in Zukunft beständig abnehmen werde. Dafür könnte sprechen, dass zum einen immer weniger Goldvorkommen gefunden werden und diese zum anderen häufig mit den zur Verfügung stehenden Fördertechniken immer schwieriger abzubauen sind. Und je schwieriger der Abbau, umso höher sind in der Regel auch die Kosten, sodass sich neue Erschließungen für die Minenunternehmen immer weniger rechnen. Das zeigt auch die Grafik oben. Vorhersagen sind jedoch stets mit Vorsicht zu genießen.

Schnelle Liquidierbarkeit und Steuervorteil

Goldbarren mit einem Feingoldgehalt von 999,99 – also 99,99 Prozent – oder gängige Anlagemünzen lassen sich schnell und problemlos zu Geld machen. Anleger können dieses sogenannte Anlagegold bei vielen Banken und Goldhändlern in der Regel jederzeit verkaufen. Bei vielen Goldhändlern kann Gold sogar online verkauft werden. Vor einem Verkauf sollten Anleger aber auf jeden Fall die Preise mehrerer Händler vergleichen, da diese sich gerade beim Ankauf deutlich unterscheiden können.

Da Barren mit niedrigerem Reinheitsgebot und nicht standardisierte Goldprodukte (sogenanntes Altgold) meist eingeschmolzen werden müssen, ehe sie weiterverkauft werden können, ist ein Verkauf komplizierter. Anleger finden aber in vielen Städten seriöse Goldankäufer, die den Preis anhand des aktuellen Börsenpreises für Gold am Weltmarkt (Spotpreis) und ihrer Händlermarge kalkulieren.

Wenn Anleger physisches Gold kaufen und die Münzen oder Barren nach mindestens einem Jahr wieder verkaufen, sind dabei erzielte Gewinne steuerfrei. Das gilt auch für bestimmte goldbesicherte Wertpapiere wie Xetra und Euwax Gold II (s. „Steuern bei physischem Goldes", Seite 130, und „Steuern bei Gold-ETC", Seite 139).

Schutz vor Inflation?

Viele Menschen kaufen Gold, weil sie Angst vor einer großen Inflation oder einer massiven Finanzmarktkrise haben. Auch viele „Crashpropheten" werden nicht müde, darauf hinzuweisen, dass Gold – anders als Bargeld oder Zinsanlagen – in einer Krise mit Hyperinflation und Währungsreform einen Wert behält. Das ist vermutlich richtig. Sollte es tatsächlich zu einer Hyperinflation oder – noch extremer – Auflösung des Finanzsystems kommen, könnte Gold das Mittel der Wahl zur Sicherung des eigenen Vermögens sein.

Bei weniger gravierenden Krisen oder nur deutlich erhöhter Inflation war Gold in der Vergangenheit nicht immer der Gewinner. Zwischen 1980 und 2000 hat Gold zum Beispiel als Vermögensschutz eher versagt. Anleger sollten sich also nicht darauf verlassen, dass sie eine künftige Geldentwertung oder jede Aktienkrise mit Gold ausgleichen können. Beim Corona-Crash im März 2020 beispielsweise, der zu einer Talfahrt der Aktienmärkte führte, fiel der Goldpreis ebenfalls deutlich.

Auch die deutlich angezogene Inflation seit Anfang 2022 und der Einmarsch Russlands in die Ukraine bescherte dem Goldpreis nur einen vorübergehenden Anstieg.

Denn der Goldpreis ist vor allem auch vom Zinsniveau abhängig. 2022 haben sich viele Notenbanken von der Nullzinspolitik verabschiedet und die Leitzinsen immer weiter erhöht. Wenn aber die Zinsen steigen, ist es für viele Anleger, die auf sichere Anlagen statt auf beispielsweise schwankungsreiche Aktien setzen wollen, attraktiver, in Zinsprodukte anzulegen als in Gold, das keine Zinsen bringt.

Das zeigte sich beispielsweise Anfang Juni 2021, als die US-Notenbank Fed (kurz für Federal Reserve System) ankündigte, die Zinsen in nächster Zeit anheben zu wollen. Der Goldpreis fiel daraufhin innerhalb weniger Tage um mehr als 5 Prozent.

Weltweite Aktien und Gold ergänzen sich gut

Für ein Investment in Gold spricht nicht, dass es grundsätzlich den Aktienmarkt geschlagen hätte. Im Vergleich mit dem MSCI World hatte es mal die Nase vorn, mal nicht. Interessanter ist, dass seine Wertentwicklung vom weltweiten Aktienmarkt recht unabhängig ist und sich seit 2018 eher entgegengesetzt entwickelt: Das Maß dafür, die Korrelation, schwankt wenig um den Nullwert und ist weit von den beiden Maxima 1 (vollständiger Gleichlauf) und minus 1 (vollständig entgegengesetzt) entfernt.

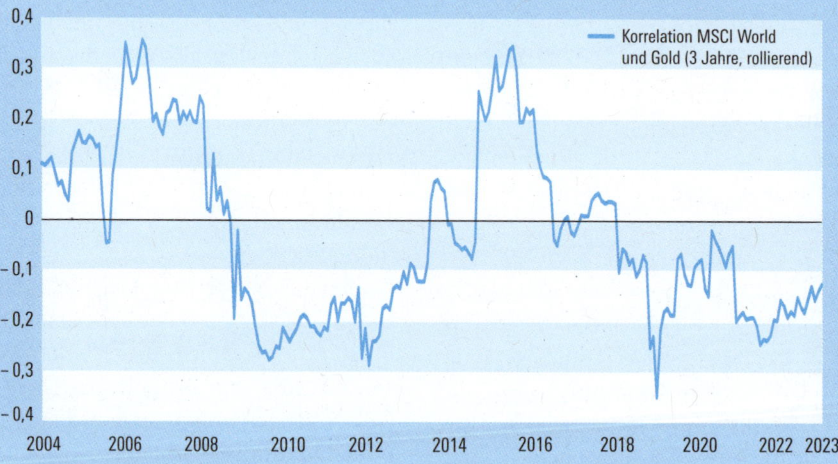

Quelle: Refinitiv, eigene Berechnungen Stand: 1. Januar 2023

Geringere maximale Verluste als mit Aktien

Im langfristigen Vergleich scheint Gold überdies auch gegenüber Aktienanlagen deutlich unterlegen. Die Stiftung Warentest hat verglichen, wie sich der Goldpreis im Vergleich zum Weltaktienindex MSCI World im Zeitraum 1991 bis 2021 entwickelt hat. Auf Sicht von 30 Jahren konnte der Aktienmarkt den Vergleich klar für sich entscheiden. Während der MSCI World durchschnittlich rund 8 Prozent pro Jahr zulegte, schaffte Gold nur 5,6 Prozent.

Ein Grund für das schlechte Abschneiden des Edelmetalls ist aber eine langjährige Preisflaute, die vom Anfang des Untersuchungszeitraums bis zur Jahrtausendwende anhielt.

In kürzeren Intervallen hingegen konnten Goldanlegerinnen mitunter bessere

Renditen als Aktieninvestoren erzielen. So stieg der Goldpreis in Euro umgerechnet etwa zwischen 2001 und 2006 um 112 Prozent, während der MSCI World nur weniger als 5 Prozent Wertsteigerung schaffte.

Der maximale Verlust für Goldinvestoren war im 30-jährigen Untersuchungszeitraum hingegen deutlich geringer als für Aktienanleger. Wer zum jeweils ungünstigsten Zeitpunkt kaufte und später wieder verkaufte, verlor mit Gold schlimmstenfalls 36 Prozent seines eingesetzten Kapitals, am internationalen Aktienmarkt hingegen rund 49 Prozent.

Gold bringt keine Erträge

In normalen Zinszeiten bringen Anleihen und Zinsanlagen den Anlegerinnen regelmäßige Zinsausschüttungen. Aktieninvestoren können sich über Dividendenzahlungen freuen – zumindest, wenn sie in Aktienunternehmen investiert haben, die solche ausschütten. Setzen Anleger auf breit gestreute Aktienfonds und Aktien-ETF, profi-

Der MSCI World im Vergleich zum Goldpreis

Auf Sicht von 30 Jahren liegt die Rendite des Aktienmarkts mit durchschnittlich 8 Prozent pro Jahr deutlich höher als die von Gold, mit 5,6 Prozent. Hauptgrund ist eine langjährige Goldflaute bis zur Jahrtausendwende. In kürzeren Intervallen erzielten Goldanleger aber oft bessere Renditen, etwa im Fünfjahreszeitraum zwischen 2001 und 2006. Hier stieg der auf Euro umgerechnete Goldpreis um etwa 112 Prozent, während der MSCI World um weniger als 5 Prozent zulegte.

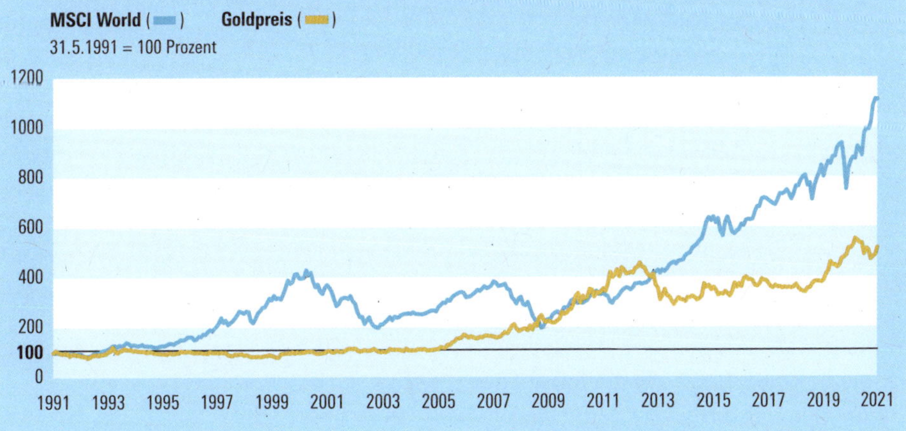

tieren sie grundsätzlich von Dividendenzahlungen. Goldinvestoren hingegen bekommen keine regelmäßigen Erträge. Sie setzen allein auf eine Wertsteigerung des Edelmetalls.

Damit lassen sich Anlegerinnen auch den Zinseszinseffekt entgehen, den zwar viele Menschen aus ihrer Schulzeit kennen, aber immer wieder unterschätzen. Albert Einstein hingegen wusste um dieses Phänomen. Auf die Frage nach der stärksten Kraft im Universum antwortete er spontan: „Das ist der Zinseszins." Erhalten Sie Zinsen oder Dividenden auf Ihr eingesetztes Kapital, erhöht sich Ihr Kapital und Sie erhalten darauf wiederum Zinsen oder Dividenden. Der Zinseszinseffekt verstärkt sich mit jeder weiteren Ertragszahlung.

Wie mächtig der Zinseszins ist, können Sie sich mithilfe der Tabelle „Das bringt der Zinseszins bei Einmalanlagen" (siehe S. 35) klarmachen. Angenommen, Gold würde seinen Wert nicht verändern und Sie hätten für 10 000 Euro Gold gekauft, wäre dieses nach 5, 10 oder 20 Jahren immer noch 10 000 Euro wert. Hätten Sie hingegen in Ertrag bringende Anlagen investiert, hätten Sie bei 3 Prozent Zinsen oder Dividenden daraus 11 593 Euro, 13 439 Euro oder 18 061 Euro gemacht. Was bei anderen Anlagezeiträumen und Zinssätzen herausgekommen wäre, können Sie der Tabelle entnehmen oder selbst berechnen. Mit Rechentools im Internet, wie zum Beispiel unter www.zinsen-berechnen.de/zinsrechner, können Sie den Zinseszins einer Anlage leicht ermitteln.

Der Goldpreis kann überdies stark schwanken und unterliegt für Anlegerinnen aus dem Euroraum auch einem Währungsrisiko. Denn er wird an den internationalen Goldbörsen grundsätzlich in US-Dollar festgestellt und abgerechnet. Das bedeutet, dass der Preis für Gold in Euro schon allein dadurch fallen kann, dass der Euro im Vergleich zum Dollar stärker wird, denn dann erhalten Investoren aus dem Euroraum weniger Dollar-Gegenwert für ihre Euro.

Andererseits kann der Goldpreis in Euro weitgehend auf seinem Niveau verharren, wenn der Goldpreis in Dollar fällt, der Euro aber gegenüber dem Dollar schwächer wird.

Am 12. Juli 2022 erreichte der Euro / US-Dollar-Kurs nach fast 20 Jahren wieder die sogenannte Parität von 1. Das bedeutet, dass Anlegende für einen Euro genau einen US-Dollar erhielten. Die Parität war die Folge eines seit Mitte 2021 fallenden Eurokurses. In diesem Zeitraum hat sich der Goldpreis in Dollar in einem Korridor zwischen 1750 und 2000 Dollar seitwärts bewegt, der Goldpreis in Euro hingegen stieg um mehr als 10 Prozent.

Das zeigt, wie groß allein die Auswirkungen der Währungsentwicklung Euro zu US-Dollar auf den Goldpreis sein können. Anlegerinnen sollten immer bedenken, dass jede Währungschance immer auch ein Währungsrisiko für sie ist. Laufen Goldpreis-

Das bringt der Zinseszinseffekt bei Einmalanlagen

So viel Euro haben Sie bei einer Anlagesumme von 10 000 Euro nach der jeweiligen Anlagedauer und der angegebenen Rendite.
Wenn Sie diese Summe zum Beispiel als Festgeld über 3 Jahre anlegen und dafür 4 Prozent Zinsen p. a. bekommen, erhalten Sie am Ende eine Summe von 11 249 Euro. Die aktuellen und besten Festgeldangebote finden Sie auf www.test.de/Festgeld.

	Anlageergebnis in Euro bei einer Rendite von						
Anlagedauer in Jahren	**0,50 %**	**1,00 %**	**2,00 %**	**3,00 %**	**4,00 %**	**5,00 %**	**6,00 %**
1	10 050	10 100	10 200	10 300	10 400	10 500	10 600
2	10 100	10 201	10 404	10 609	10 816	11 025	11 236
3	10 151	10 303	10 612	10 927	11 249	11 576	11 910
4	10 202	10 406	10 824	11 255	11 699	12 155	12 625
5	10 253	10 510	11 041	11 593	12 167	12 763	13 382
10	10 511	11 046	12 190	13 439	14 802	16 289	17 908
15	10 777	11 610	13 459	15 580	18 009	20 789	23 966
20	11 049	12 202	14 859	18 061	21 911	26 533	32 071

Quelle: Eigene Berechnungen

nachfrage und Währung für deutsche Anleger schlecht, kann dies auch hohe Verluste bedeuten.

Hinzu kommt, dass internationale Investoren und Analysten auf charttechnische Widerstände und Unterstützungen in US-Dollar schauen. So hat beispielsweise die Überwindung einer runden Marke in Dollar – beispielsweise 1600 oder 2000 Dollar – direkte Auswirkungen auf die Goldnachfrage an den Weltmärkten, unabhängig vom dann bestehenden Euro/Dollar-Kurs.

Gold kann das Risiko streuen

Trotz dieser Verlustrisiken kann ein gewisser Anteil Gold am eigenen Gesamtportfolio auch zur Risikostreuung beitragen. Denn der Goldpreis entwickelt sich häufig gegenläufig zu den Preisen anderer Anlageklassen wie Anleihen oder Aktien.

Sie können somit versuchen, das Gesamtrisiko Ihrer Anlagen zu senken, wenn Sie einem breit gestreuten Vermögen fünf bis maximal zehn Prozent Gold beimischen. Da Zentralbanken nach Abschaffung des Goldstandards Geld gleichsam aus dem Nichts erschaffen können (sogenanntes fiat-Geld, aus dem Lateinischen „es werde") und dies in vergangenen Krisen teilweise auch exzessiv genutzt haben, um die Finanzmärkte durch zusätzliche Liquidität zu stabilisieren, kann ein gewisser Goldanteil auch als eine Art Versicherung gegen einen möglichen Vertrauensverlust beim Papiergeld dienen.

Physisches Gold muss sicher verwahrt werden

Anleger, die größere Summen Gold in physischer Form besitzen, müssen dieses sicher verwahren. Dafür sind besondere Tresore im eigenen Haus oder bei einer Bank oder einem Goldhändler notwendig, die natürlich Geld kosten (siehe „Physisches Gold richtig lagern", ab Seite 108).

Dies ist ein deutlicher Nachteil und Renditefresser gegenüber Wertpapieren wie Aktien, Anleihen, Fonds und ETF, die bei vielen Direktbanken kostenfrei verwahrt werden können. Sie brauchen für Ihr Gold allerdings in der Regel keinen großen Geldspeicher wie Dagobert Duck. Denn eine Feinunze Gold wiegt nur 31,10 Gramm. Eine 1-Unze-Goldmünze hat je nach Ausführung einen Durchmesser von etwa 30 bis 37 Millimeter, ein 1-Gramm-Goldbarren ist etwa so groß wie eine Briefmarke oder eine Nano SIM-Karte. Selbst ein 1-Kilo-Goldbarren ist kleiner als ein durchschnittliches Smartphone, kostet im Ankauf aber – Stand Juni 2023 – gut 58 000 Euro.

Kein „grünes" oder ethisch-nachhaltiges Investment

Der Abbau von Gold war und ist fast immer mit gravierenden oder gar irreparablen Eingriffen in Ökosysteme verbunden. In der Vergangenheit führte der Einsatz von hydraulischen Pumpen zu Erosionen und veränderten Flussläufen. Der Einsatz hochgiftigen Quecksilbers hatte oft nicht nur Fischsterben und Bodenverunreinigungen zur Folge, sondern auch Vergiftungen bei den Arbeitern, die den Dampf einatmeten. Auch heute noch kommen bei der industriellen Goldförderung giftige Chemikalien zum Einsatz, die immer wieder in die anliegenden Ökosysteme dringen. Der Energieaufwand bei der Goldförderung ist überdies enorm. Für die Herstellung eines Goldringes müssen in etwa 20 Tonnen Gestein abgebaut und verarbeitet werden.

Hinzu kommen oft unmenschliche Arbeitsbedingungen in den Goldminen. Mitunter arbeiten dort sogar Kinder und setzen Gesundheit und Leben aufs Spiel. Für Anlegerinnen und Anleger, die Wert auf Umweltschutz und Ethik legen, ist Gold daher eine sehr problematische Anlageklasse. Zwar gibt es auch ein (begrenztes) Angebot nachhaltig und fair produzierten Goldes, solange dieses aber nur in westlichen Gesellschaften nachgefragt wird, bestimmt „toxisches" Gold weiterhin den Weltmarkt (siehe „Ethisch-ökologisches Gold", Seite 80).

Goldmünzen und Goldbarren sind kein taugliches Zahlungsmittel

In Deutschland ist Gold kein gesetzliches Zahlungsmittel. Selbst im absoluten Krisenfall darf zumindest bezweifelt werden, ob Sie Brot und Hygieneprodukte mit Goldmünzen werden bezahlen können.

In einigen Ländern sind bestimmte Goldmünzen offizielle Zahlungsmittel, müssen also von einem Gläubiger als Zahlart für eine Verbindlichkeit akzeptiert werden. Anlagemünzen wie der Maple Leaf (Kanada) oder der Wiener Philharmoniker (Österreich) sind in der Regel gesetzliches Zahlungsmittel in den Ländern, in denen sie herausgegeben werden. Für eine 1-Unzen-Goldmünze Wiener Philharmoniker ist in Österreich ein Nennwert von 100 Euro festgelegt. Eine 1-Unze-Maple-Leaf-Münze ist in Kanada gesetzliches Zahlungsmittel im Nennwert von 50 kanadischen Dollar. Allerdings würde wohl niemand damit bezahlen, da deren Wert in der Regel vielfach höher ist als der festgelegte Zahlenwert.

Eine Besonderheit besteht beim südafrikanischen Krügerrand, bei dem kein Nennwert aufgeprägt ist. Eine 1-Unzen-Goldmünze ist in Südafrika Zahlungsmittel im Nennwert des tagesaktuellen Goldpreises. Diese Goldmünze gehört damit zu den sogenannten Kurantmünzen. Das sind Münzen, deren Materialwert dem Nominalwert entspricht. Sie haben im heutigen Geldverkehr keine Bedeutung mehr, sind allerdings historisch interessant, da sie in vergangenen Jahrhunderten häufig fester Bestandteil des täglichen Zahlungsverkehrs waren. Historische Gold-Kurantmünzen werden oft nah am aktuellen Edelmetallpreis gehandelt. Weil sie fast ausnahmslos in hohen Auflagen geprägt wurden, haben die meisten von ihnen heutzutage keinen besonderen Sammlerwert. Bei vielen professionellen Edelmetallhändlern gehören Kurantmünzen zur Produktpalette.

Exploration und Goldabbau

Bis der Rohstoff Gold als Münze oder Barren bei einem Goldhändler landet, ist es ein langer Weg. Gold muss zunächst gefunden, von anderen Stoffen getrennt, verarbeitet und verfeinert werden, bis es im letzten Schritt geprägt werden kann.

Wenn Sie als Anlegerin oder Anleger physisches Gold in Form von Münzen oder Barren bei einem Goldhändler kaufen, hat es einen langen Weg hinter sich. Der erste Schritt besteht darin, es überhaupt zu finden, damit es anschließend abgebaut und weiterverarbeitet werden kann. Der hohe Aufwand, der hinter der Suche und der Verarbeitung des seltenen Edelmetalls steckt, ist einer der Hauptgründe, warum Gold so wertvoll ist.

Die Suche nach Gold und dessen Abbau ist ein sehr spezialisiertes Geschäftsfeld, das von verschiedenen Akteuren betrieben wird. Vor allem Minengesellschaften und spezialisierte Explorations-Unternehmen sind bei der aktiven Suche nach Goldvorkommen tätig. Die kleineren Unternehmen verkaufen ihre Erkundungsergebnisse häufig an die großen Minengesellschaften.

Wie Gold gefunden wird

Um Goldvorkommen zu suchen und zu identifizieren, setzen die Unternehmen verschiedene Techniken und Methoden ein. Dazu gehören zum Beispiel geophysikalische Untersuchungen wie die Magnetometrie, die Gravimetrie und die Elektromagnetik, mit denen Unterschiede in den physikalischen Eigenschaften von Gesteinen und Mineralien im Untergrund erkannt werden können. Diese Unterschiede können auf Goldvorkommen hinweisen.

Auch untersuchen Geologen das Gelände und kartieren die verschiedenen Gesteinsschichten und Strukturen. Anhand der geologischen Merkmale kann abgeschätzt werden, ob die geologischen Bedingungen für die Bildung von Goldvorkommen günstig sind. Boden- und Gesteinsproben werden genommen und im Labor analysiert, um das Vorhandensein von Gold und anderen Mineralien zu bestimmen. Dabei werden verschiedene Analyseverfahren wie die Röntgenfluoreszenzspektroskopie (RFS) oder die ICP-Massenspektrometrie eingesetzt.

Mit den gesammelten Daten können geologische Computermodelle erstellt werden, die die potenzielle Lage von Goldvorkommen vorhersagen. Wenn ein geologisches Modell vielversprechende Ergebnisse liefert, werden Bohrungen durchgeführt, um Proben aus der Tiefe zu gewinnen. Dazu werden meist Bohrer eingesetzt, die portabel auf einem Fahrzeug montiert sind. Der Aushub dieser ersten Bohrungen wird dann von Spezialisten im Labor untersucht, um das Vorhandensein von Gold und anderer Mineralien zu bestimmen. Liegt ein vielversprechendes Ergebnis vor, können weitere Bohrungen durchgeführt werden, um die Ausdehnung des Goldvorkommens zu bestimmen. Da die Errichtung einer Goldmine sehr teuer und aufwendig ist und mehrere Jahre in Anspruch nimmt, ist es für die Unternehmen wichtig, möglichst genaue Prognosen zu erstellen. Fehler bei der Einschätzung der Ergiebigkeit eines Goldvorkommens können später, wenn die Mine erst einmal errichtet wurde, nicht mehr korrigiert werden.

Gold recyclen

Eine weitere Möglichkeit, um an das Rohmaterial Gold zu kommen, ist das Recycling. Goldrecycling ist eine nachhaltige Möglichkeit, um den Bedarf an neuem Gold zu reduzieren und die Umweltbelastung durch den Goldabbau zu verringern. Die Recyclingrate von Gold hat in den letzten Jahren zugenommen, da die Bergbaukosten steigen und die Verfügbarkeit neuer Goldvorkommen abnimmt. Der Recyclingprozess bietet auch ökologische Vorteile, da durch weniger Minen weniger Land verbraucht wird und gleichzeitig die Menge an Elektronikschrott abnimmt, die auf Mülldeponien landet. Bei der Goldrückgewinnung aus Altgold werden überdies zur Herstellung eines Kilogramms neuen Goldes nur rund 50 Kilogramm CO_2 freigesetzt. Bei den klassischen Abbaumethoden verursacht hingegen ein Kilogramm Gold mehrere Tonnen schädlichen Kohlendioxids.

Für das Goldrecycling müssen zunächst Gegenstände gesammelt werden, die potenziell Gold enthalten können, wie Elektronikschrott, Schmuck oder Zahngold. Elektronische Geräte werden oft zerlegt, um die wertvollen Teile wie Platinen, Chips und Kabel zu trennen, während Schmuckstücke sortiert und von Nicht-Goldmaterialien wie Edelsteinen und anderen Metallen getrennt werden. Leider werden in einigen Entwicklungsländern auch Kinder in der Abfallwirtschaft und insbesondere im Recyclingsektor eingesetzt. Mitunter sammeln und sortieren sie gemeinsam mit ihren Familien recycelbare Materialien wie Elektroschrott, um ein Einkommen zu erzielen.

Primäre Lagerstätten

Es gibt verschiedene Methoden Gold abzubauen, die von der Art des Goldvorkommens abhängen. Dabei wird zwischen sogenannten primären und sekundären Lagerstätten unterschieden:

Als primäre Goldlagerstätten bezeichnet man das Vorkommen von Gold in Verbindung mit anderen Mineralien in Form von

Adern oder Gängen in Gesteinsschichten. Die meisten Goldvorkommen weltweit sind primäre Goldlagerstätten. Der Abbau dieses „Berggoldes" ist in der Regel wirtschaftlich nur rentabel, wenn die mit Gold durchsetzten Quarzgänge eine Goldkonzentration von mehr als 2,5 Gramm je Tonne aufweisen. Bei den meisten Vorkommen liegt die Konzentration aber nur bei rund einem Gramm pro Tonne.

Um das Gold aus primären Lagerstätten abzubauen, müssen die Minengesellschaften Tagebau, Untertagebau oder Goldwäsche betreiben. Beim Tagebau wird das Gestein abgetragen, um das Gold und andere Mineralien freizulegen. Dieses Verfahren kommt meist dann zum Einsatz, wenn das Goldvorkommen nahe der Erdoberfläche liegt. Beim Untertagebau gelangt man durch Tunnel und Schächte unter der Erde an das Goldvorkommen. Dies ist dann erforderlich, wenn das Goldvorkommen tief in der Erde liegt oder das Gestein zu hart ist, um es durch Tagebau zu fördern.

Das abgetragene Material aus primären Lagerstätten wird in kleinere Stücke zerkleinert und zur weiteren Verarbeitung in eine Aufbereitungsanlage gebracht. Dort wird das Gold durch verschiedene chemische und physikalische Verfahren extrahiert. Umweltaktivisten beklagen, dass das zerkleinerte Material oft auch in zum Teil offenen Behältnissen wochenlang mit einer Zyanidlösung beträufelt wird, die die winzigen Goldanteile aus dem Gestein lösen sollen. Früher oder später drohe eine Verseuchung des Grundwassers.

Sekundäre Lagerstätten

Sekundäre Goldlagerstätten sind solche, bei denen das Gold durch Erosion und Verwitterung aus primären Lagerstätten freigesetzt und in Flüsse, Bäche, Seen oder andere Sedimentbecken transportiert wurde. Das Gold kann sich dann beispielsweise im Flussschotter oder in Sandbänken absetzen und konzentrieren (sogenanntes Waschgold oder Nuggets). Die Gewinnung von Gold aus sekundären Lagerstätten ist im Allgemeinen einfacher und weniger kostenintensiv als die Gewinnung aus primären Lagerstätten, da das Gold bereits in konzentrierter Form vorliegt und leichter zu trennen ist.

Mittels dieses sogenannten Placer-Minings werden die Sedimente mit Wasser durchgespült, um das Gold auszusondern. Die Sedimente werden dazu in spezielle Geräte wie Rinnen oder Schalen gegeben, in denen das Gold aufgrund seiner Dichte absinkt und vom Rest der Sedimente getrennt wird. Diese Methode entspricht im Prinzip dem klassischen Goldwaschen, das aus vielen Westernfilmen bekannt ist. Das Gold wird von Sand und Schotter getrennt, indem es in fließendem Wasser mithilfe von speziellen Pfannen oder Maschinen gewaschen wird. Heutzutage können große Anlagen allerdings mehrere Hundert Kubikmeter Boden pro Stunde waschen.

→ Goldrausch in den USA – ausgelöst von einem Deutschen

Johannes Reith aus Neuenstein im Kreis Hersfeld-Rotenburg war im Jahr 1776 als 16-Jähriger für die Armee des Landgrafen Friedrich II. von Hessen-Kassel rekrutiert und nach Amerika geschickt worden, um die Engländer unter König George III., einem Schwager Friedrichs, im Kampf gegen die Rebellion in der Kolonie zu unterstützen.

Reith desertierte, änderte seinen Namen in John Reed und ließ sich in North Carolina nieder. Sein Sohn entdeckte 1799 beim Spielen in einem Bach einen rund 8 Kilogramm schweren glänzenden Stein, der der Familie drei Jahre als Türstopper im Haus diente. Erst ein Juwelier brachte John Reed darauf, dass es sich um einen Goldklumpen handelte.

Reed gelang es, seine Farm mit Partnern in ein Goldbergwerk umzubauen und weiteres Gold auf seinem Grundstück zu gewinnen. Die Reed Gold Mine gilt als erste Goldmine der Vereinigten Staaten und Anfang des 19. Jahrhunderts als eine der reichsten der Region.

Andere Farmer der Umgebung und viele weitere Glückssucher versuchten, es Reed gleichzutun. Der erste Goldrausch der USA begann in North Carolina. Der Bundesstaat führte bis 1848 die Liste der Staaten an, die Goldfunde vorweisen konnten an. Dann wurde er von Kalifornien abgelöst. Die Reed-Untergrund-Goldmine ist heute eine Touristenattraktion.

Phytomining

Nicht sehr effektiv, aber sehr interessant ist das Verfahren des Phytominings. Dies ist eine alternative Methode zur traditionellen Gewinnung von Metallen aus Erzen durch Bergbauunternehmen. Es ist eine Art biologischer Bergbau, bei der Pflanzen verwendet werden, um Metalle aus Böden oder Abraumhalden zu extrahieren.

Dazu werden bestimmte Pflanzen, sogenannte Hyperakkumulatoren, auf Böden oder Abraumhalden gepflanzt, die mit geringen Mengen an Metallen wie Nickel, Kupfer, Gold oder Seltenen Erden belastet sind. Die Pflanzen haben die Fähigkeit, diese Metalle – genauer gesagt die Metallionen – aus dem Boden aufzunehmen und in ihren Blättern, Stängeln oder Wurzeln anzureichern.

Nachdem die Pflanzen geerntet wurden, wird das metallreiche Biomassematerial in einer Aufbereitungsanlage verarbeitet, um das Metall zu extrahieren.

Beim Phytomining sind insbesondere die Umweltauswirkungen geringer als bei konventionellen Bergbauverfahren, da kei-

Flecken trüben den Glanz

Neben seiner glänzenden Seite hat Gold immer auch eine schmutzige. Gold, das unter guten sozialen und umweltschonenden Bedingungen abgebaut wurde, gibt es eigentlich nicht. Das Schürfen des Edelmetalls ist stets ein Raubbau an Mensch und Natur – dessen Auswirkungen durch verschiedene Maßnahmen allenfalls abgemildert werden können. Mittlerweile existieren erste Anbieter und Siegel für eine ethisch-ökologische Goldanlage (S. 80).

VERBREITETE WEGE DER GOLDGEWINNUNG

Gold kann auch als Nebenprodukt anfallen, zum Beispiel bei der **Raffination von Kupfer.**

WIEDERVERWERTUNG VON GOLD

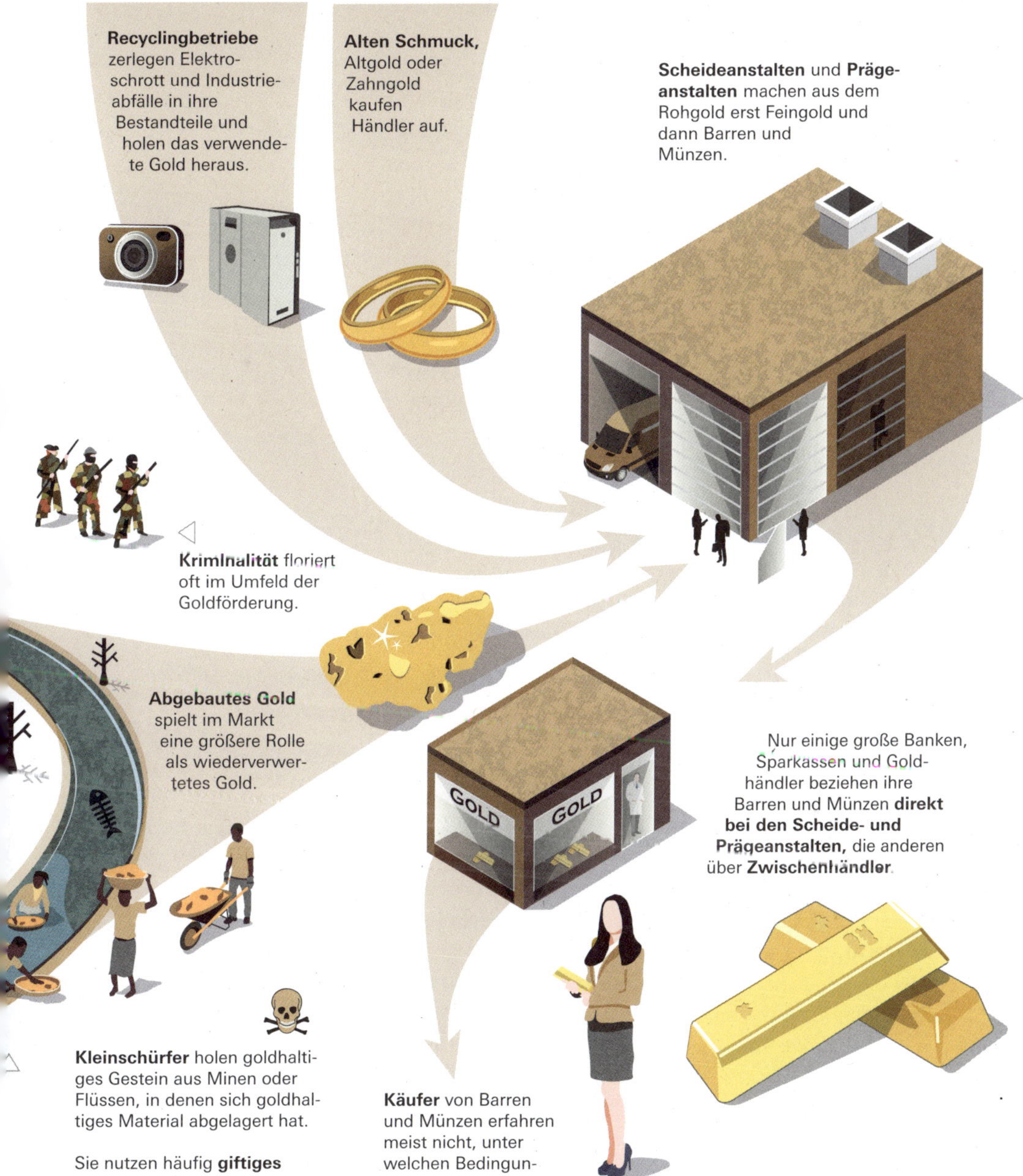

Recyclingbetriebe zerlegen Elektroschrott und Industrieabfälle in ihre Bestandteile und holen das verwendete Gold heraus.

Alten Schmuck, Altgold oder Zahngold kaufen Händler auf.

Scheideanstalten und **Prägeanstalten** machen aus dem Rohgold erst Feingold und dann Barren und Münzen.

Kriminalität floriert oft im Umfeld der Goldförderung.

Abgebautes Gold spielt im Markt eine größere Rolle als wiederverwertetes Gold.

Nur einige große Banken, Sparkassen und Goldhändler beziehen ihre Barren und Münzen **direkt bei den Scheide- und Prägeanstalten,** die anderen über **Zwischenhändler**.

Kleinschürfer holen goldhaltiges Gestein aus Minen oder Flüssen, in denen sich goldhaltiges Material abgelagert hat.

Sie nutzen häufig **giftiges Quecksilber,** um das Gold aus dem Gestein zu lösen.

Käufer von Barren und Münzen erfahren meist nicht, unter welchen Bedingungen das Gold gefördert worden ist.

ne großen Mengen an Boden oder Gestein abgebaut oder Chemikalien eingesetzt werden müssen.

Zudem kann Phytomining auch auf Flächen eingesetzt werden, die für den traditionellen Bergbau ungeeignet sind, wie zum Beispiel auf landwirtschaftlichen Flächen oder Gebieten mit geringer Edelmetallkonzentration.

Allerdings befindet sich Phytomining derzeit noch in der experimentellen Phase und ist nicht für alle Metalle und Bedingungen geeignet. Es stellt zudem noch keine wirtschaftlich konkurrenzfähige Methode gegenüber traditionellen Bergbautechniken dar, weil die Ausbeute an Metallen noch gering und der Prozess der Metallgewinnung noch nicht vollständig optimiert ist.

Weiterverarbeitung bis Prägung

In der weiteren Goldverarbeitung gibt es verschiedene Verfahren. Am Schluss steht die Münze oder der Barren.

Das goldhaltige beziehungsweise edelmetallhaltige Gestein, das aus den primären oder sekundären Lagerstätten gewonnen wurde, wird häufig zermahlen und mittels der nasschemischen Scheidung vom Staub getrennt.

Bei diesem Prozess werden die edelmetallhaltigen Produkte entweder in Königswasser, einer Mischung aus Salz- und Salpetersäure, oder in chlorhaltiger Salzsäure gelöst und mit verschiedenen physikalischen oder chemischen Methoden ausgeschieden. Dabei entsteht ein Gemisch, dessen Goldkonzentration sich häufig auf etwa 80 Prozent belaufen kann, mitunter ist sie aber auch geringer. Dieses wird in sogenannte Doré-Barren gegossen, die in der Regel unregelmäßig geformt sind und keine genaue Spezifikation für den Goldgehalt haben. Sie werden meist in Scheideanstalten transportiert, wo die noch verunreinigten Barren weiterverarbeitet werden.

Die Raffination bildet den Prozess, bei dem das gewonnene Gold weiter gereinigt wird, um seine Reinheit zu erhöhen. Dies erfolgt normalerweise durch Schmelzen des

Goldes und Entfernen aller verbleibenden Verunreinigungen wie Silber, Kupfer und andere Metalle, die im vorherigen Scheideprozess nicht entfernt wurden. In Abhängigkeit vom enthaltenen Goldanteil und den nicht benötigten Substanzen, gibt es unterschiedliche Methoden, um letztlich reines Feingold zu gewinnen.

Das Miller-Verfahren

Dieses Verfahren ist eine bewährte Methode zur Gewinnung von Feingold aus einer Vielzahl von Ausgangsmaterialien, einschließlich Erzen, Schmuck und Elektronikschrott. Das Verfahren wurde von Francis Bowyer Miller in den 1860er-Jahren entwickelt und bietet eine schnelle und einfache Methode zur Gewinnung von Feingold. Sie wird in der Praxis häufig verwendet. Allerdings kann mit ihr nur eine Feinheit von maximal 99,95 Prozent erreicht werden.

Bei diesem Verfahren wird Chlorgas über die geschmolzene und aus Gold und anderen Metallen bestehende Ausgangsmischung geblasen. Das Chlorgas verbindet sich zuerst mit den Verunreinigungen zu Chloriden, die entweder bei der Schmelztemperatur des Goldes flüchtig sind und entweichen oder sich auf der Oberfläche des Gemischs ansammeln und so entfernt werden können.

Das Wohlwill-Verfahren

Zur Herstellung hochreinen Goldes mit einer Feinheit von 99,99 Prozent wird üblicherweise das Wohlwill-Verfahren angewendet. Es hat gegenüber dem Miller-Verfahren jedoch den Nachteil, dass es teurer und aufwendiger ist, da es spezialisierte Ausrüstung und Chemikalien erfordert. Es wird daher hauptsächlich für industrielle Anwendungen verwendet, bei denen eine hohe Reinheit erforderlich ist, sowie für die Herstellung von Goldmünzen oder Schmuck.

Das Verfahren wurde 1874 von Emil Wohlwill erfunden. Bei diesem Verfahren wird die elektrolytische Raffination angewendet, um Gold und unedlere Metalle voneinander zu trennen. In einem Elektrolysebad bildet das verunreinigte Gold den Minuspol (Anode), ein Stab aus reinstem Gold fungiert als Pluspol (Kathode) und als Elektrolyt wird eine Goldsalzlösung verwendet. Das System wird mit Strom versorgt. Dadurch werden Gold und andere Metalle an der Anode gelöst und das Gold bindet sich an der Goldkathode. Wenn die Anode aufgelöst ist, wird die Kathode entfernt und geschmolzen oder auf andere Weise weiterverarbeitet.

Das Borax-Verfahren

Dieses Verfahren ist eine alternative und umweltfreundlichere Methode zur Gewinnung von Feingold, die auch als Schmelzverfahren oder Schmelzprozess bezeichnet wird. Es ist eine einfache Methode, die oft in Kleinbergbauunternehmen zum Einsatz kommt. Dabei wird das Mineral Borax verwendet, um den Schmelzpunkt von Gold zu verringern. Dadurch kann mit leistungsschwächeren und kostengünstigeren Brennern gearbeitet werden.

Beim Borax-Verfahren wird das goldhaltige Material zunächst zerkleinert und gemahlen, um die Goldpartikel freizusetzen. Dieses Material wird anschließend mit Borax und Natriumcarbonat gemischt. Die Mischung wird erhitzt und das Gold setzt sich am Boden der Schmelzpfanne ab, während andere Gesteinsmaterialien und Oxide nach oben steigen.

Aus Feingold werden Goldbarren und Goldmünzen

Ein Teil des gewonnen Feingoldes wird an Goldschmiede geliefert, die daraus Schmuck herstellen. Ein anderer Teil wird zu Barren und Münzen verarbeitet, die Anlegerinnen und Anleger dann bei einer Bank oder einem Goldhändler kaufen können. Bei den Goldbarren unterscheidet man gegossene und geprägte Goldbarren.

Gegossene Goldbarren

Ein gegossener Goldbarren wird hergestellt, indem Goldgranulat in eine Gussform gegeben und dann in einem Ofen bei hohen Temperaturen geschmolzen wird. Das geschmolzene Gold wird mit einem Stab oder einer Zange gerührt, um Luftblasen zu entfernen und das Gold zu glätten.

Anschließend wird es in eine Gussform gegossen und diese vorsichtig bewegt, um sicherzustellen, dass das Gold gleichmäßig verteilt wird. Der gegossene Goldbarren wird abgekühlt, bis er fest ist und aus der Gussform genommen werden kann. Die Daten des Barrens wie Gewicht, Feingehalt und Hersteller können bereits in der Gussform enthalten sein und sich so auf das abkühlende Gold übertragen oder sie werden nachträglich aufgestempelt.

Nach der Fertigstellung wird der gegossene Goldbarren üblicherweise in eine Schutzhülle gelegt und mit einem Zertifikat versehen, das seine Reinheit und seinen Wert bestätigt.

Als Feingold wird reines Gold bezeichnet, das mindestens einen Goldanteil von 999 von 1000 aufweist. Im Edelmetallhandel mit Barren und Münzen ist der Goldgehalt ein wichtigerer Maßstab als in der Schmuckindustrie. Standard-Anlage-Goldbarren und Goldmünzen anerkannter Hersteller haben in der Regel einen Goldgehalt von mindestens 99 Prozent. „Good delivery"-Barren, die dem Mindeststandard der London Bullion Market Association (LBMA) entsprechen, müssen mindestens 995/1000 (99,5 Prozent) Reinheitsgehalt aufweisen.

Gegossene Barren sind sehr schlicht und haben aufgrund ihrer Fertigungsmethode einzigartige Unregelmäßigkeiten und Muster. Ihre Oberfläche ist unempfindlich gegenüber Berührungen und leichten Kratzern, sodass die Barren guten Gewissens auch in die Hand genommen werden können. Für sehr, sehr reiche Menschen haben sie aufgrund ihrer unregelmäßigen Oberfläche und abgerundeten Kanten den Nachteil, dass sie schlechter zu stapeln sind als geprägte Barren.

Geprägte Goldbarren

Zur Herstellung geprägter Barren wird flüssiges Gold mithilfe einer Stranggießanlage zu einem langen Streifen gegossen und auf die benötigte Dicke gewalzt. Aus dem erkalteten Band werden dann Barrenrohlinge ausgestanzt und für den Prägeprozess durch Erhitzen noch einmal weicher gemacht. Anschließend wird das warme Metall ein- oder beidseitig unter hohem Druck geprägt.

Nach dem Prägen wird die Oberfläche gegebenenfalls nochmals poliert und gereinigt. Dieses Herstellungs- und Prägeverfahren bietet den Vorteil, dass die Prägebilder wesentlich filigraner und komplexer gestaltet werden können als beim gegossenen Barren. Kleinere Gewichtseinheiten lassen sich durch die Fließbandfertigung auch kostengünstiger herstellen.

Die Oberfläche geprägter Barren reagiert allerdings sehr empfindlich gegenüber Kratzern und Stößen, sodass Sie solche Barren unbedingt in ihrer schützenden Verpackung belassen sollten. Ansonsten besteht die Gefahr, dass die geprägten Barren nicht ohne Preisabschläge weiterverkauft werden können.

Goldmünzen

Eine Goldmünze wird im Wesentlichen auf die gleiche Weise hergestellt wie ein geprägter Goldbarren. Da Münzen kleiner sind und oft einen höheren künstlerischen Wert darstellen, ist ihre Herstellung in aller Regel aber etwas schwieriger.

Zunächst wird bei Münzen ein ursprünglicher Prägestempel aus einem harten Material wie Stahl oder Messing erstellt. Dieser Stempel wird dann verwendet, um ein Positivrelief in eine weiche Materialform wie Plastilin oder Wachs zu prägen. Eine Gipsplatte wird im Anschluss um diese Form gegossen, um ein Negativrelief zu erstellen, das als Matrize bezeichnet wird. Der ursprüngliche Prägestempel wird dann in eine „Hubeinrichtung“ eingesetzt, um den Prägestempel herzustellen, der schließlich zur Verwendung kommt, um die Münzen selbst zu prägen.

Der Prägestempel wird auch als „Urstempel“ oder „Mutterstempel“ bezeichnet. Der ursprüngliche Entwurf kann auch in einen digitalen Scan umgewandelt werden, um eine präzise dreidimensionale Darstellung des Designs zu erhalten und dieses zu sichern.

10 g
FINE GOLD
999,9

Der Aufbau des Portfolios

Anlegerinnen und Anleger, die in Gold investieren wollen, müssen sich überlegen, wie hoch der Goldanteil für eine sinnvolle Anlagenmischung im Portfolio sein soll. Das hängt sehr stark von der persönlichen Risikoeinstellung ab.

Vielleicht hat Sie folgende Situation auch schon verunsichert: Auf der einen Seite warnen „Propheten" und „Finanz-Gurus" mit oftmals zweifelhaftem Hintergrund vor dem großen Aktiencrash und dem Untergang des Euros, des Dollars oder gar des gesamten Geldsystems. Sie verweisen meist vor allem auf die seit der letzten Finanzkrise 2008 noch einmal deutlich gestiegenen Schuldenlasten vieler Staaten weltweit. Der Logik dieser „Experten" nach soll man den Großteil seines Vermögens in die Sachwerte Gold und Grundstücke stecken und Zinsanlagen, die nur Forderungen gegen den Schuldner der Zinszahlungen sind, kategorisch meiden.

Andererseits verweisen Finanzexperten darauf, Goldanlagen lieferten keine Erträge und lebten daher nur von der Hoffnung auf Wertsteigerung . Als Geldanlage und zur Altersvorsorge sei Gold daher ungeeignet.

Welche Ansicht ist richtig? Wie häufig im Leben gibt es auch bei Geldanlagen nicht nur Schwarz und Weiß. Gold sollte nicht einziger oder wesentlicher Vermögensbaustein sein. Wer darauf ganz verzichtet, dem entgeht auch die risikoreduzierende Wirkung einer Goldbeimischung im Portfolio.

Wie viel Gold im Portfolio ist genug?

Da Goldinvestments im Vergleich zu anderen Finanzanlagen auch Nachteile haben, sollten Anleger Gold nur als einen Baustein zur Beimischung im Portfolio sehen.

Professionelle Vermögensverwalter und Fondsmanager kalkulieren den Anteil von Anlageklassen im Gesamtportfolio unter anderem anhand der zukünftigen laufenden Geldflüsse. Die zukünftig erwarteten Erträge werden abgezinst und der gegenwärtige Barwert dieser Zahlungen ermittelt. Da Gold und andere Rohstoffe keine Zahlungsströme in Form von Zinsen oder Dividenden haben, ist eine Bewertung von Goldanlagen insofern nicht möglich. Die Entwicklung des Goldpreises hängt allein von Angebot und Nachfrage in der Zukunft ab. Diese lassen sich aber nur schwer abschätzen. Während beispielsweise Sorgen um die Beständigkeit des Finanzsystems etwa aufgrund von Staatsschuldenkrisen und hoher Inflation die Nachfrage anheizen können, lassen gute Konjunkturaussichten, höhere Zinsniveaus oder allgemein optimistischere Zukunftsaussichten Gold auf der Nachfrageseite schnell hinter Aktien und Zinsanlagen zurücktreten.

Ein zu hoher Rohstoff- beziehungsweise Goldanteil kann die langfristigen Renditechancen eines Portfolios negativ beeinflussen. Denn Gold bringt nicht nur keine Zinsen, sondern kostet auch noch Geld für die Verwahrung. Zwar sind diese sogenannten Opportunitätskosten relativ gering, wenn Anlegerinnen und Anleger kostengünstig in Gold-ETC (siehe S. 88) statt in physisches Gold in Tresoren investieren, geringe Opportunitätskosten allein machen eine Geldanlage aber noch nicht rentabel. Und solange Gold keine Wertsteigerung erfährt, machen Anlegende Verlust. Die Opportunitätskosten stehen für den verlorenen Nutzen oder Ertrag einer nicht gewählten Alternative. Daher werden sie auch häufig Verzichts- oder Alternativkosten genannt. Zinsanlagen oder Dividendenaktien können im Gegensatz zu Goldanlagen zumindest einen Teil der Verwahrungskosten auffangen und somit auch ohne Wertsteigerung eine positive Rendite erzielen. Da hohe Gebühren sich auf die Rendite Ihrer Geldanlage auswirken, sollten Sie stets darauf achten, diese möglichst gering zu halten. Vergleichen Sie daher bei jeder Anlageklasse immer die Gebühren verschiedener Anbieter für Verwahrung, Käufe und Verkäufe.

Gold kann stabilisierend wirken

Ein kleiner Goldanteil am Gesamtportfolio ist dennoch sinnvoll, da er stabilisierend wirken kann, wenn beispielsweise die Aktienanlagen stark schwanken. Der Goldpreis entwickelte sich in der Vergangenheit oft entgegengesetzt zu den Aktienkursen. Nach einer Untersuchung des statistischen Bundesamtes zur Entwicklung des Goldpreises im Vergleich zu Aktienkursen verschiedener Länder im Coronajahr 2020 performte Gold fast überall besser als die jeweiligen heimischen Aktienindizes. Während etwa der Goldpreis in Euro in Deutschland um etwa 15 Prozent stieg, gewann der deutsche Leitindex Dax im selben Zeitraum lediglich rund 4 Prozent an Wert.

Da eine Anlage in einem gut gestreuten Aktienindex wie beispielsweise dem Weltaktienindex MSCI World langfristig eine deutlich höhere Rendite als Gold erwarten lässt – wie die Grafik „Goldpreis und Weltaktienmarkt über die vergangenen 30 Jahre" zeigt (siehe Seite 31) – und die Renditeerwartung von Gold gemessen an den Ertragsaussichten gleich null ist, empfiehlt die Stiftung Warentest Anlegerinnen und Anlegern, den Goldanteil im Gesamtportfolio auf fünf bis maximal zehn Prozent zu beschränken.

Das Pantoffel-Portfolio von Finanztest

Für unkomplizierte und strukturierte Geldinvestitionen hat Finanztest das Pantoffel-Portfolio entwickelt. Mit Goldanlagen lässt es sich zum Gold-Pantoffel kombinieren.

→ **Das Pantoffel-Portfolio** ist ein von Finanztest entwickelter Depotvorschlag. Es heißt so, weil es eine sehr bequeme Geldanlage ist – bequem wie der eigene Pantoffel. Einmal aufgebaut, läuft es fast von allein, nur hin und wieder ist ein wenig Pflege in Form von leichten Anpassungen nötig.

Es besteht in seiner Grundform aus zwei Teilen, einem Renditebaustein und einem Sicherheitsbaustein, die sich die Anleger jeweils selbst zusammenstellen.

Der Renditebaustein ist ein börsengehandelter Indexfonds, kurz ETF, auf den Weltaktienindex MSCI World oder einen vergleichbaren Weltindex. Der Sicherheitsbaustein besteht aus sicheren Zinsanlagen. Das können ein ETF mit sicheren Euro-Anleihen oder Tages- und Festgeldkonten sein. Der Anteil des Aktien-ETF beträgt je nach Risikotyp des Anlegers 25, 50 oder 75 Prozent.

Welcher Risikotyp sind Sie?

Zunächst sollten Sie sich Gedanken darüber machen, wie Sie Ihr Depot aufstellen wollen. Sind Sie vorsichtig, dann passt das defensive Portfolio mit 25 Prozent Aktien und 75 Prozent Zinsanlagen am besten zu Ihnen. Unerschrockene Anleger und solche mit einem langen Anlagehorizont drehen das Verhältnis um und setzen auf die offensive Variante. Der ausgewogene Anleger wählt ein Portfolio, das zur Hälfte aus Aktien, zur anderen Hälfte aus Zinsanlagen besteht („Fifty-fifty-Pantoffel").

Solange die Börsen gut laufen, halten sich die meisten Anlegerinnen und Anleger für risikofreudig. Aber gilt das auch in Zeiten, in denen die Aktienmärkte stärker schwanken oder gar „südwärts" laufen? Kämen Sie dann mit einem Crash von 50 Prozent klar? Das entspricht ungefähr dem maximalen Verlust, den es an den Aktienmärkten in den vergangenen 30 Jahren gab.

Rechnen Sie immer auch konkret in Euro: Was würde ein Verlust von XX Prozent für Sie bedeuten? Für einen ausgewogenen Anleger hieße ein 50-Prozent-Crash, er würde auf seinem Depotauszug einen Verlust von 25 000 Euro ausgewiesen bekommen, wenn er je 50 000 Euro in den Rendite- und den Sicherheitsbaustein investiert hätte. Ein offensiver Anleger würde zeitweise sogar 37 500 Euro – die Hälfte seines 75 000-Euro-Renditebausteins – vermissen, der defensive Anleger hätte hingegen „nur" 12 500 Euro weniger.

Allerdings sind Risiko und Chance immer die beiden Seiten einer Geldanlage. Nur auf das (kurzfristige) Risiko zu sehen, wäre

Die drei Varianten des Pantoffel-Portfolios

Ob risikobereit oder zurückhaltend: Für jeden Typ gibt es eine passende Variante des Pantoffel-Portfolios. Der Risikobaustein nimmt dabei jeweils unterschiedlich viel Raum ein.

	defensiv	ausgewogen	offensiv
Aktien-ETF Welt	25	50	75
Zinsanlage	75	50	25

Angaben in Prozent.

für eine langfristige Geldanlage zu kurz gedacht. Denn über lange Zeiträume haben sich Aktienanlagen in der Vergangenheit meist wesentlich besser entwickelt als Zinsanlagen. Und wenn Ihr Anlagehorizont zehn Jahre oder mehr beträgt, können Sie zwischenzeitliche Börsentiefs bei ihren Aktien aussitzen.

Denn ein echter Verlust und nicht nur ein „Buchverlust" auf Ihrem Depotauszug entsteht erst, wenn Sie Ihre Werte verkaufen (müssen). Es ist aber ganz normal, dass Aktienkurse schwanken. Es kann also auch sein, dass der Wert Ihres Portfolios über längere Zeit unter dem liegt, was Sie eingezahlt haben.

Nach einer Untersuchung von Stiftung Warentest zum Stichtag 30.9.2022 – also zu einem Zeitpunkt, als beispielsweise der Deutsche Aktienindex Dax seit Jahresanfang bereits rund 27 Prozent verloren hatte – waren die aktienlastigeren Pantoffelportfolios dem defensiven dennoch überlegen. Über fünf Jahre schaffte das defensive 2,7 Prozent Rendite, über zehn Jahre 3,2 Prozent und über 20 und 30 Jahre 2,4 und 2,7 Prozent pro Jahr bei einer einmaligen Anlage zum Startzeitpunkt. Das ausgewogene Pantoffel-Portfolio brachte es hingegen auf 5 Prozent, 5,9 Prozent, 4,7 und 5 Prozent über die genannten Zeiträume. Das offensive Portfolio (75 Prozent Aktienanteil) erzielte sogar 7,3 Prozent, 8,8 Prozent, 6,4 und 6,9 Prozent.

Die Einrichtung des Pantoffel-Portfolios

Anlegerinnen und Anleger benötigen für ein Pantoffel-Portfolio zumindest ein Wertpapierdepot. Haben Sie schon eins bei einer Filialbank, sollten Sie zunächst klären, ob Sie bei Ihrer Bank auch ETF kaufen und Sparpläne abschließen können. Wertpapierdepots bei einer Direktbank oder Smartphone-Broker sind deutlich günstiger und können auch online abgeschlossen werden.

So eröffnen Sie ein Depot für den Renditebaustein

Wenn Sie ein Depot bei einer Filialbank eröffnen wollen, kümmert sich Ihr Kundenbetreuer um die Formalitäten. Die Kontoeröffnung bei einer Direktbank ist nicht kompliziert, aber Sie müssen Ihre Daten selbst eintragen.

- **Dazu laden Sie** den Eröffnungsantrag von der Internetseite der Bank herunter und füllen ihn aus.
- **Danach müssen Sie** Ihre Identität mit dem Postident- oder Videoident-Verfahren bestätigen lassen.
- **Beim Postident-Verfahren** legen Sie dem Mitarbeiter einer Postfiliale Ihren Personalausweis oder Reisepass sowie das Postident-Formular der Direktbank vor. Der bestätigt ihre Identität dem Anbieter gegenüber. Einige Tage später erhalten Sie per Post alle Dokumente und Daten fürs Onlinedepot.

Sparplan über 30 Jahre: Das wäre aus 200 Euro monatlich geworden

Wer einen langen Anlagehorizont hat, kann Krisen an der Börse ganz gelassen aussitzen. In den letzten 30 Jahren brachte ein Pantoffel-Portfolio, in das monatlich 200 Euro flossen, ordentlich Rendite. Einzahlungen auf das Sparbuch allein konnten da bei Weitem nicht mithalten, auch wenn das in Krisenzeiten keine Verluste hatte. Zwar schnitt eine reine Investition in Aktien-ETF noch besser ab als das Pantoffel-Portfolio, doch in schlechten Zeiten war der Verlust auch deutlich größer. Der Baustein Tagesgeld in unserer Anlagestrategie bringt die nötige Sicherheit.

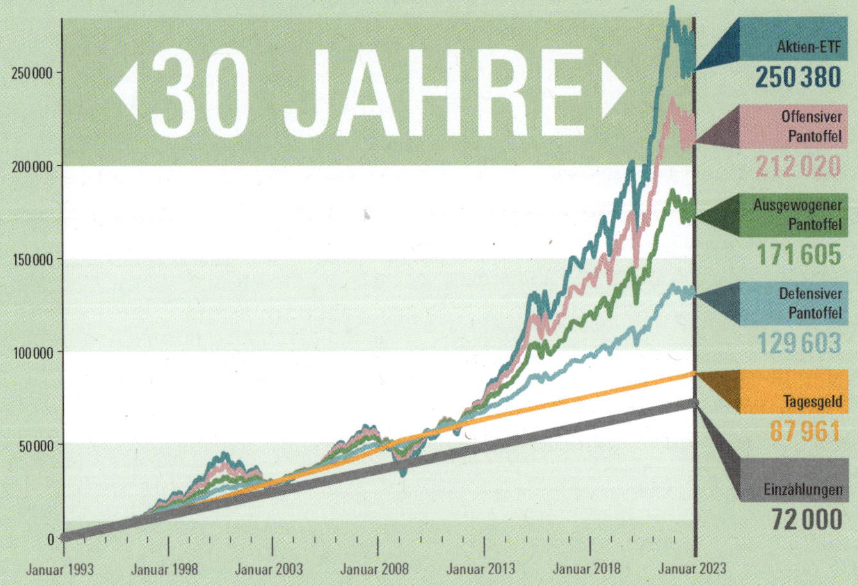

Einmalanlage über 30 Jahre: Das wäre aus einmalig 100 000 Euro geworden

Die Pantoffel-Strategie funktioniert auch mit einer Einmalanlage. Wer etwas Geld beiseitegelegt hat, kann es auf einen Schlag nach der Pantoffel-Strategie anlegen und dann einfach liegen lassen. Nur ab und zu sollte, falls nötig, das Geld umgeschichtet werden, damit die Anteile an Aktien und Tagesgeld noch zum gewählten Portfolio passen. Im Ergebnis zeigt sich ein ähnliches Bild wie bei einem Sparplan: Je höher der Aktienanteil, desto höher der Gewinn – trotz Krisenzeiten zwischendurch. Für das offensive Pantoffel-Portfolio braucht es bei Verlusten aber schon gute Nerven.

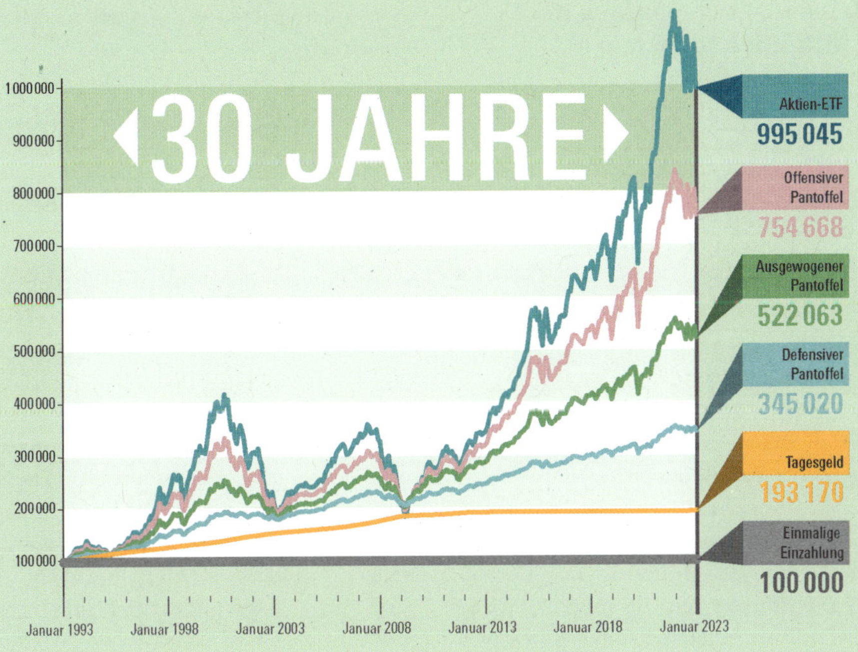

Stand: 1. Januar 2023, Quellen: Refinitiv, eigene Simulationen

- **Mittlerweile bieten** die meisten Broker und Banken neben dem Post- auch ein Videoident-Verfahren an. Per Videochat können Sie sich von zu Hause aus legitimieren. Das dauert etwa zehn Minuten. Sie brauchen dafür ebenfalls ihren Ausweis oder Reisepass, einen Computer oder Tablet-PC mit Webcam und Mikrofon oder ein Smartphone mit Videofunktion und eine Internetverbindung.

Gegebenenfalls weiteres Konto für Sicherheitsbaustein

Wenn Sie den Sicherheitsbaustein nicht mit einem Renten-ETF bestücken wollen – der in Zeiten steigender Zinsen von starken Kursverlusten getroffen werden kann –, müssen Sie auch ein Tagesgeldkonto – und wenn Sie höhere Zinsen wollen, ein Festgeldkonto – eröffnen.

Am leichtesten geht das über sogenannte Zinsportale. Das sind Internetplattformen, die Sparern gut verzinste Zinsangebote vermitteln. Dazu müssen Sie nur einmal ihre Identität nachweisen und ein Verrechnungskonto bei der deutschen Partnerbank des Portals eröffnen. Seriöse Plattformen wie Weltsparen und Check24 vermitteln überwiegend Zinsangebote ausländischer Banken. Früher waren dies meist Angebote von Auslandsbanken in Ländern mit schwacher Wirtschaftsleistung wie Kroatien, Portugal oder Bulgarien. Mittlerweile umfasst das Angebot aber auch Bankangebote aus weiteren Ländern der EU oder des Europäischen Wirtschaftsraumes.

Wie sollten Sie Ihr Geld im Portfolio anlegen?

Grundsätzlich haben Sie die Wahl zwischen der einmaligen Anlage einer früher bereits angesparten Summe oder einem Sparplan, bei dem Sie monatlich einen festen Betrag investieren. Bei einer Einmalanlage würde sofort der Zinseszinseffekt für den gesamten Betrag greifen – andererseits besteht die Gefahr, zu einem ungünstigen Zeitpunkt einzusteigen.

Dies wird vermindert durch einen Sparplan, der den Depotbetrag über einen längeren Zeitraum aufbaut. Haben Sie bisher kein angespartes Vermögen, kommt für Sie nur ein Sparplan infrage, bei dem Sie monatlich einen Betrag investieren. Wie das geht, erfahren Sie im Abschnitt „Mit Sparplänen Gold kaufen“, Seite 96.

Wie viel Geld sollten Sie im Portfolio anlegen?

Theoretisch können Sie Aktien- und Renten-ETF ab wenigen Hundert Euro kaufen. Achten müssen Sie dabei auf die Mindestgebühren, die Ihre Bank Ihnen in Rechnung stellt. Diese fallen bei kleinen Anlagesummen und späteren Umschichtungen prozentual stärker ins Gewicht. Wenn Sie Ihr Depot bei einer Filialbank führen, sollten Sie daher in der Regel nicht weniger als 20 000 oder 30 000 Euro anlegen. Bei Direktbanken und Onlinebrokern können Sie schon mit halb so viel Geld eine zu hohe Gebührenbelastung vermeiden. Noch günstiger sind häufig sogenannte Smartphone- oder Neo-Broker. Details zu diesen neuen Brokeranbietern finden Sie unter www.test.de/Smartphone-Broker.

Festgeldanlagen können Sie meist ab 500 Euro und gebührenfrei abschließen. Wenn Sie Festgelder in Ihren Sicherheitsbaustein integrieren wollen, ist das daher ohne Probleme möglich.

Ist das Pantoffel-Portfolio eingerichtet, können Sie dieses jederzeit mit größeren Summen aufstocken. Achten Sie dann darauf, dass die von Ihnen gewählte Gewichtung aus Sicherheits- und Risikobaustein noch gewahrt bleibt.

Der Sicherheitsbaustein im Detail

Anleger mit einem langen Anlagehorizont können in einen Rentenfonds oder -ETF investieren, der in auf Euro lautende Staatsanleihen oder einen Mix aus Staats- und Unternehmensanleihen mit guter Bonität anlegt.

In der Vergangenheit haben Rentenfonds und Renten-ETF ordentliche Renditen erzielt. Verantwortlich dafür waren vor allem die fallenden Marktzinsen der letzten Jahrzehnte. Denn ein Rentenfonds oder -ETF investiert in eine Vielzahl von Anleihen. Diese Anleihen haben jeweils bestimmte Laufzeiten. Auch wenn Anleihen zu 100 Prozent des Kurswertes zurückzuzahlen sind, kann der allgemeine Marktzins den Kurswert einer Anleihe aber während der Laufzeit stark beeinflussen. Fallen die Zinsen am Kapitalmarkt, steigen die Kurse bereits börsennotierter Anleihen. Denn die älteren Papiere bieten höhere Zinskupons als Neuemissionen und sind für Anleger daher attraktiver. Nach dem Prinzip von Angebot und Nachfrage steigt dann in der Regel der Kurs bestehender Anleihen. Bis Ende 2021 gab es fast nur fallende Zinsen oder dauerhaft niedrige Zinsen am Markt. Das bescherte Rentenfonds und Renten-ETF Kursgewinne.

Seit 2022 sind aber die Zinsen am Kapitalmarkt wieder gestiegen, unter anderem weil wichtige Notenbanken wie die US-Notenbank Fed und die Europäische Zentralbank (EZB) die Leitzinsen angehoben haben. In der Folge sind die Kurse älterer, bereits börsennotierter Anleihen gesunken. Denn die älteren Papiere mit niedrigerem Zinskupon wurden viel weniger nachgefragt als Neuemissionen mit an das gestiegene Zinsniveau angepassten Zinskupons.

Anleger, die dieses sogenannte Zinsänderungsrisiko vermeiden möchten, sollten für den Sicherheitsbaustein lieber Tages- oder Festgelder, oder einen Mix aus beiden wählen. Der Vorteil von Tagesgeldern ist deren Flexibilität. Sie können täglich darüber verfügen. An ein Festgeld kommen Sie während der Laufzeit nicht heran. Dafür erhalten Sie dort in der Regel höhere Zinsen als bei einem Tagesgeld.

Flexibel bleiben mit der Festgeldtreppe

Wenn Sie Ihren Sicherheitsbaustein in ein Festgeld anlegen wollen, aber davor zurückschrecken, während der gesamten Laufzeit nicht an das Geld zu kommen, bietet sich die sogenannte Festgeldtreppe an. Diese verbindet den Wunsch nach sicherer Rendite und Flexibilität bei Zinsänderungen oder außerplanmäßigem Geldbedarf am besten. Dazu verteilen Sie die Anlagesumme nicht auf eine, sondern auf mehrere Festgeldanlagen mit verschiedenen Laufzeiten.

Beispielrechnung zur Festgeldtreppe

Sie möchten 30 000 Euro anlegen: Dann teilen Sie die Summe in Tranchen von jeweils 10 000 Euro und legen jeden Teilbetrag unterschiedlich lange fest, beispielsweise ein, zwei und drei Jahre.

Werden nach einem Jahr die ersten 10 000 Euro fällig, legen Sie sie wieder zu den dann gültigen Konditionen für drei Jahre fest. Sind die Zinsen in der Zwischenzeit gestiegen, erwirtschaftet das wieder angelegte Geld bereits bessere Renditen.

Doch damit nicht genug: Steigen die Zinsen in den Folgejahren ebenfalls, wachsen Schritt für Schritt auch die übrigen Erträge, wenn Sie mit den anderen jeweils freigewordenen Tranchen dasselbe tun.

Sinken die Zinsen, riskieren Sie mit dieser Strategie zwar Verluste. Diese werden aber durch die Aufteilung der Anlagesumme begrenzt. Überdies müssen Sie dann nicht gleich wieder reinvestieren, sondern können das Geld bis zur Wiederanlage auf einem Tagesgeldkonto parken.

Der Renditebaustein des Pantoffel-Portfolios

Wenn Sie nur in wenige Einzelaktien investieren würden, wäre das Risiko hoch, auf das eine oder andere „falsche“ Unternehmen zu setzen. Denn auch eine aktuell noch so gut bewertete Aktie kann sich plötzlich als Verlustbringer erweisen, wenn beispielsweise das Management des Unternehmens Fehler macht, eine Branche in Verruf gerät oder ein Konkurrent plötzlich davonzieht. Es kommt hin und wieder auch vor, dass Unternehmen insolvent und deren Aktien wertlos werden.

Bei einer Anlage in einen breit anlegenden Aktien-ETF ist ein solches Einzeltitelrisiko praktisch ausgeschlossen. Wählen Sie beispielsweise als Renditebaustein einen ETF auf den Welt-Aktienindex MSCI World, investieren Sie mit diesem ETF in rund 1600 Unternehmen. Fällt davon eines der vielen Unternehmen im ETF aus, hat das kaum Auswirkungen auf die Performance des ETF. Ein ETF ist rechtlich ein Investmentfonds. Anders als bei einem aktiv gemanagten Fonds, bei dem ein Fondsmanagement die Aktien auswählt, in die investiert wird, legt der ETF das Geld der Anleger in einen vorab festgelegten Index an. Als Basisinvestment im Pantoffel-Portfolio ist ein weltweit anlegender ETF aufgrund der großen Risikostreuung empfehlenswert. Statt einem ETF auf den MSCI World Index können Sie – je nach Ihren Präferenzen – aber auch verschiedene Varianten wählen, die in der Vergangenheit alle eine ähnliche Wertentwicklung erzielt haben:

Trotz seines Namens umfasst der MSCI World nicht Unternehmen der ganzen Welt, sondern nur aus 23 Industrienationen, schwerpunktmäßig den USA, aber auch aus Westeuropa und Japan. Für Anleger, die neben diesen Industrieländern auch Schwellenländer in ihrem Portfolio haben wollen, kommen ETF auf die Indizes MSCI All Country World (ACWI) oder den FTSE All World infrage. Der MSCI ACWI umfasst zusätzlich zu den Unternehmen der entwickelten Märkte Aktien aus 24 Schwellenländern. Insgesamt sind in diesem ETF rund 2900 Unternehmen versammelt. Der Gesamtanteil der Schwellenländer liegt bei rund 10 Prozent, US-amerikanische Unternehmen machen hingegen über 60 Prozent aus.

Der FTSE All World ist das Äquivalent des MSCI ACWI von einem anderen Indexanbieter und noch etwas breiter gestreut. Er umfasst rund 3900 Positionen aus rund 50 Ländern.

Wer nachhaltig anlegen will, kann in einen ETF auf den Index MSCI World Socially Responsible investieren. Hier werden zusätzliche Filter im Bereich Nachhaltigkeit und soziale Verantwortung an die Portfolio-Unternehmen angelegt. Der MSCI World SRI hat daher weniger Unternehmen als der MSCI World im Portfolio.

Folgende ETF sind nach Einschätzung von Finanztest für den Renditebaustein des Pantoffel-Portfolios geeignet:

Marktbreite weltweite ETF – Industrieländer

- **Amundi** (Isin LU 168 104 359 9)
- **Invesco** (IE 00B 60S X39 4)
- **iShares** (IE 00B 4L5 Y98 3)
- **Lyxor** (FR 001 031 577 0)
- **SPDR** (IE 00B FY0 GT1 4)
- **Vanguard** (IE 00B K5B QV0 3)
- **Xtrackers** (IE 00B J0K DQ9 2)
- **Xtrackers** (LU 027 420 869 2)

Marktbreite weltweite ETF – Industrie- und Schwellenmärkte

- **iShares** (IE 00B 6R5 225 9)
- **Lyxor** (LU 182 922 021 6)
- **SPDR** (IE 00B 3YL TY6 6)
- **SPDR** (IE 00B 44Z 5B4 8)
- **Vanguard** (IE 00B 3RB WM2 5)
- **Xtrackers** (IE 00B GHQ 0G8 0)

Nachhaltige marktähnliche weltweite ETF mit ethischen und ökologischen Kriterien

- **Amundi** (LU 186 113 438 2)
- **iShares** (IE 00B YX2 JD6 9)
- **UBS** (LU 062 945 974 3)

Sparplanfähige ETF

Wenn Sie nicht nur einmalig in den von Ihnen gewählten ETF investieren, sondern diesen auch mit Sparplänen weiter besparen wollen, achten Sie schon beim ersten Investment in den ETF darauf, dass dieser bei Ihrer Bank auch zu akzeptablen Konditionen mit Sparplänen bespart werden kann. Es ist zwar auch möglich, mehrere ETF mit dem gleichen Anlageschwerpunkt zu haben (etwa einen für die Einmalanlage, einen für den Sparplan), das macht die Gesamtanlage aber unübersichtlicher und das spätere Rebalancing komplizierter. Und dies widerspricht der Anforderung an das Pantoffel-Portfolio, bequem zu sein.

So kaufen Sie Wertpapiere

Der Kauf von ETF und Wertpapieren ist einfach und wird Ihnen nach ein paar Malen leicht von der Hand gehen.

→ **Wollen Sie zum ersten Mal** ein Wertpapier kaufen, loggen Sie sich bei Ihrer Bank ein, bei der Sie Ihr Depot haben, und halten Sie sich einfach an die folgenden Schritte:

Wertpapier mit Isin / WKN eindeutig spezifizieren

Sie benötigen für einen Wertpapierkauf zunächst die zwölfstellige Kennnummer Isin, das unverwechselbare Merkmal jedes Wertpapiers.

Die Isin beginnt mit dem Länderkürzel des Wertpapiers. Ist beispielsweise ein Fonds in Irland aufgelegt, beginnt die Isin mit IE, bei einer deutschen Anleihe steht DE am Anfang, und bei einer Aktie aus den USA entsprechend US. Wenn Sie die Isin nicht kennen, kommen Sie in der Regel auch mit der sechsstelligen WKN (Wertpapierkennnummer) weiter.

Sie finden die Isin / WKN meist über die Suchfunktion Ihrer Onlinebanking-Maske.

Stückzahl festlegen

Anschließend müssen Sie die Stückzahl angeben, also wie viele Wertpapiere Sie kaufen wollen. Sie haben sich vermutlich bereits überlegt, wie viel Geld Sie investieren möchten.

Schauen Sie sich zunächst den aktuellen Kurs des gewünschten Wertpapiers an.

Dann können Sie ermitteln, wie viele Papiere Sie kaufen können. Aus der Division „Kaufsumme durch Stückpreis je Wertpapier“ ergibt sich die Stückzahl, die Sie sich leisten können.

Wollen Sie beispielsweise 5000 Euro in einen Fonds investieren und ein Anteil des Fonds kostet 40 Euro, können Sie 125 Stück kaufen. Die meisten Onlinebanken haben für diesen Schritt auch einen Rechner eingestellt, der Ihnen mitteilt, welche Stückzahl Sie für die gewünschte Summe kaufen können.

Den richtigen Börsenplatz bestimmen

Wertpapiere werden in der Regel an verschiedenen Börsen gehandelt. Die Eingabemasken beim Onlinebanking zeigen meist eine Vorauswahl der Börsen, an denen ein Handel für das gewünschte Papier stattfindet.

In Deutschland werden beispielsweise die meisten Aktienorders über den Handelsplatz Xetra an der Frankfurter Wertpapierbörse abgewickelt. Wird ein Wertpapier auch an einer der Regionalbörsen wie Berlin, Düsseldorf, Hamburg, Hannover, München oder Stuttgart gehandelt, können sich die Kurse unterscheiden. Denn die Börsen sind unabhängig voneinander, und die Kurse hängen von Angebot und Nachfrage an der jeweiligen Börse ab.

Sie sollten aber nicht nur auf den zuletzt gehandelten Kurs schauen und dann an der vermeintlich günstigsten Börse kaufen. Auch wenn der Kurs eines ETF zum Zeitpunkt der Orderaufgabe an einer Regionalbörse am günstigsten war, kann es passieren, dass dort zu diesem Preis kein weiterer Umsatz zustande kommt, weil es an entsprechenden Verkäufern fehlt. Im Vergleich zu Xetra werden an den Regionalbörsen oft nur geringe Stückzahlen an Aktien umgesetzt. Der Spread, also die Differenz zwischen Kauf- und Verkaufskurs, ist dort deshalb häufig höher.

Es ist sinnvoll, ein Wertpapier dort zu kaufen, wo dessen größter Umsatz stattfindet. Das garantiert in der Regel transparente, marktnahe Preise und eine zeitnahe Ausführung der Order. Bei einer Direktbank werden in der Übersichtsmaske zu einem Wertpapier die Umsätze, also das Volumen der gehandelten Papiere, an den verschiedenen Handelsplätzen angezeigt.

Limit setzen

Da sich die Kurse von Wertpapieren ständig ändern, sollten Sie bei Börsenorders stets ein Limit setzen. Damit verhindern Sie, dass Sie zu einem zu hohen Preis kaufen oder zu billig verkaufen.

Bei einem Kauflimit wird Ihre Order nur ausgeführt, wenn der Preis des Wertpapiers nicht darüber liegt. Bei einem Verkauf bedeutet ein Limit, dass nicht verkauft wird, wenn Sie nicht mindestens den vorgegebenen Preis erzielen. Ohne ein Limit wird die Order „billigst“ (bei Kauf) beziehungsweise

„bestens“ (bei Verkauf) ausgeführt. Das heißt, sobald sich ein Käufer oder Verkäufer findet, kommt der Handel zustande. Der Preis kann dann unter Umständen weit von Ihren Vorstellungen entfernt liegen.

Sie können bei Limit-Orders festlegen, wie lange diese gelten sollen. Wird eine Wertpapierorder nicht am Tag der Auftragserteilung ausgeführt, wird die Bank versuchen, dies am Folgetag zu tun. Sofern Sie nichts anderes angegeben haben, bleibt der Auftrag bis zum Monatsende (Ultimo) gültig.

Ein Nachteil bei Limit-Orders ist, dass manchmal nur ein Teil des Auftrags zum festgelegten Preis ausgeführt werden kann. Die Restausführung erfolgt erst später oder aber gar nicht. Gerade bei seltener gehandelten Wertpapieren kann das dazu führen, dass die Order nur häppchenweise ausgeführt wird und mit jeder Teilausführung Gebühren entstehen. Teilausführungen am gleichen Tag verursachen bei vielen Banken aber nur einmal Gebühren.

Mit einer Fill-or-kill-Order (erfülle oder vernichte) können Sie festlegen, dass der Auftrag nur vollständig oder aber gar nicht ausgeführt wird.

Sonderfall Sparplan

Bei einem Sparplan muss sie das Thema Limit hingegen nicht weiter beschäftigen. Hier haben sie ebenfalls das Wertpapier, eine Summe und eventuell die Börse festgelegt. Bei den meisten Anbietern können Sie zwischen (halb)monatlichen, halb- oder ganzjährigen Intervallen wählen. Nun wird für Sie automatisch zum Stichtag genau die Stückzahl gekauft, die für Ihre gewählte Summe laut Kurs erhältlich ist.

Auftrag freigeben

Nachdem Sie alle Daten in die Ordermaske eingegeben und bestätigt haben, erhalten Sie diese nochmals zur Kontrolle. Den Auftrag geben Sie dann mittels des von Ihrer Bank angebotenen und von Ihnen gewählten Freigabeverfahrens frei.

TAN-Verfahren: Immer mehr TAN-Verfahren sind App-basiert. Andere Methoden sind etwa PhotoTAN oder Verfahren mit einem separaten TAN-Generator. Beim HBCI-Verfahren benötigen Sie neben einer speziellen Software und einem Lesegerät noch eine Chipkarte, die mit einer PIN geschützt ist. Bei allen Verfahren gilt: Solange Sie die Transaktion nicht freigegeben haben, kann nichts passieren. Bis dahin können Sie den Ordervorgang jederzeit abbrechen.

Das Gold-Pantoffelportfolio

Der Renditebaustein des Basispantoffels kann um eine Gold-Komponente erweitert werden und wird so zum Gold-Pantoffel.

Ein Gold-Pantoffel besteht zum einen weiterhin aus dem Sicherheitsbaustein in Form eines Renten-ETF oder aus Festgeld-/Tagesgeldanlagen. Der Renditebaustein beinhaltet weiterhin einen Welt-Aktien-ETF, zusätzlich jedoch einen Goldanteil. Letzterer sollte 5 Prozent betragen („Basis"-Gold-Pantoffel). Nur bei hartgesottenen Goldfans würde die Stiftung Warentest eine höhere Goldquote von maximal 10 Prozent des Pantoffel-Portfolios als vertretbar erachten, da Gold keine Erträge in Form von Zinsen und Dividenden wie die anderen beiden Portfoliobestandteile bringt.

Je nach Ihrer persönlichen Risikoeinstellung bedeutet das für die Zusammensetzung des Gold-Pantoffels folgendes:

- **Das defensive Gold-Pantoffelportfolio** besteht aus 75 Prozent Zinsanlagen, 20 Prozent Aktien-ETF und 5 Prozent Gold.
- **Beim ausgewogenen Gold-Pantoffel** macht der Zinsanteil grundsätzlich 50 Prozent aus, Aktien sind mit 45 Prozent und Gold mit 5 Prozent gewichtet. Hier können Anleger die Zusammensetzung auch so „individualisieren", dass Zinsanlagen 45 Prozent und Aktien 50 Prozent ausmachen. Wer 10 Prozent in Gold anlegen möchte, verteilt je 45 Prozent auf Aktien- und Zinsanlagen.
- **Beim offensiven Gold-Pantoffel** sollte im Vergleich zum Basis-Pantoffel der Aktienanteil von 75 auf 70 Prozent reduziert werden, sodass der Sicherheitsbaustein bei 25 Prozent verbleiben kann. Auch könnten Sie bis zu 15 Prozent in Gold investieren. Dann muss der Aktien-Anteil auf 60 Prozent gekürzt werden.

Hinsichtlich des Goldbausteins haben Anlegerinnen und Anleger ähnlich wie beim Sicherheitsbaustein die Wahl, ob Sie dafür eine Wertpapierlösung in Form eines besicherten Gold-ETC wählen (siehe Abschnitt „Gold-ETC", ab Seite 86) oder auf physisches Gold setzen (siehe Abschnitt „Physisches Gold kaufen", ab Seite 68).

Vorteile von physischem Gold

Für physisches Gold spricht unter anderem, dass es – zumindest in der bisherigen Menschheitsgeschichte – die „ultimative Krisenwährung" war, immer einen gewissen Wert behalten hat und relativ leicht überall hin mitgenommen werden kann und konnte.

Der Gold-Pantoffel

In der offensiven Variante des Pantoffel-Portfolios umfasst der Risikobaustein 75 Prozent des Gesamtvermögens. Innerhalb dieser 75 Prozent können Anlegerinnen und Anleger einen Goldanteil von fünf bis maximal zehn Prozent aufbauen, um so den speziellen Gold-Pantoffel zu erhalten.

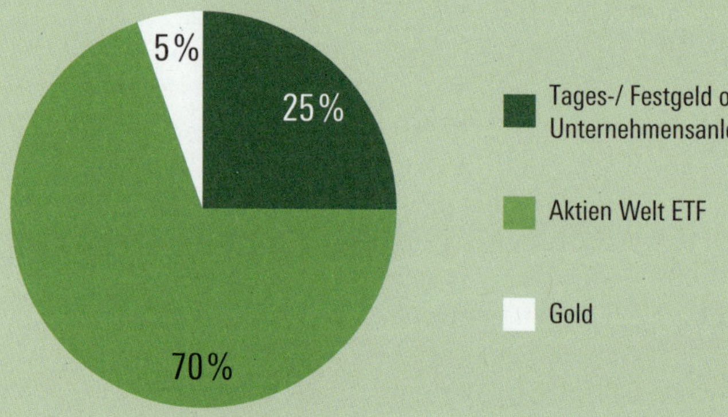

Gold-ETC beim Rebalancing im Vorteil

Für das Pantoffel-Portfolio ist Gold in Wertpapierform allerdings vor allem beim Anpassen, dem sogenannten Rebalancing, deutlich im Vorteil. Stellen Anlegerinnen und Anleger bei der regelmäßigen – meist jährlichen – Überprüfung fest, dass der Goldanteil über der geplanten Quote liegt, können sie leicht einzelne Anteile aus ihrem Depot verkaufen. Sie müssen dafür nur eine entsprechende Verkaufsorder bei Ihrer Bank aufgeben. Ist der Goldanteil zu gering, lassen sich genauso leicht Anteile nachkaufen.

Inhaber physischen Goldes tun sich da um einiges schwerer. Zum einen ist der Kauf oder Verkauf aufwendiger, zum anderen ist es vor allem beim Verkauf unter Umständen gar nicht möglich, den passenden Anteil zu verkaufen. Denn wenn sie keine physischen Stücke haben, die wertmäßig dem zu verkaufenden Anteil entsprechen, können sie keine genaue Anpassung des Goldanteils am Portfolio vornehmen. Ein Abschneiden oder Herausbrechen von Teilstücken des vorhandenen physischen Goldes ist in der Praxis nicht möglich oder würde zu großen Wertverlusten führen.

Geeignete ETC für den Goldbaustein des Gold-Pantoffel

- **Amundi Physical Gold** (FR 001341 6716)
- **Euwax Gold II** (DE 000 EWG 2LD 7)
- **Gold Bullion Securities** (Wisdomtree) (DE 000 A0L P78 1)
- **HANETF The Royal Mint Physical Gold** (XS 211 533 633 6)
- **Invesco Physical Gold** (IE 00B 579 F32 5)
- **iShares Physical Gold** (IE 00B 4ND 360 2)
- **Wisdomtree Physical Gold** (DE 000 A0N 62G 0)
- **Wisdomtree Physical Swiss Gold** (DE 000 A1D CTL 3)
- **Xetra-Gold** (DE 000 A0S 9GB 0)
- **Xtrackers IE Physical Gold** (DE 000 A2T 0VU 5)

Steuerfreier Verkauf nicht bei allen ETC möglich

Für die ETC Xetra-Gold und Gold Bullion fällt bei einem Verkauf nach einer Haltedauer von mindestens einem Jahr keine Steuer auf Veräußerungsgewinne an. Das hat der Bundesfinanzhof bereits entschieden (siehe Abschnitt „Steuern bei Gold-ETC“, Seite 139).

Auch bei Euwax Gold II soll dies nach Einschätzung der Emittentin (Börse Stuttgart Securities) gelten, da dieses Produkt nach den Vorgaben des Bundesfinanzhofs strukturiert sei. Wenn andere ETC einkommenssteuerlich aber nicht wie physisches Gold, sondern wie eine Kapitalforderung behandelt werden, behält die Bank auf Veräußerungsgewinne Abgeltungssteuer und Solidaritätszuschlag sowie gegebenenfalls Kirchensteuer ein.

Integration von Gold in bestehendes Pantoffel-Portfolio

Haben Sie bereits ein Pantoffel-Portfolio und sich erst jetzt dazu entschieden, in Gold anlegen zu wollen, dann bestehen zwei Möglichkeiten für die Integration des Goldes in das Portfolio:

- Zum einen können Sie so, wie Sie bei einem Rebalancing Teile verkaufen und umschichten, Ihre Anlagen sofort neu strukturieren.
- Zum anderen können Sie aber die Goldquote auch langsam aufbauen, indem Sie beispielsweise eine Bonuszahlung oder die mögliche Sparrate des kommenden Jahres dazu nutzen, den Goldanteil aufzubauen.

Denkbar ist natürlich auch eine Kombination aus beiden Möglichkeiten.

Sparplan oder Einmalanlage – den Gold-Pantoffel befüllen

Beide Varianten haben ihre Vorteile. Für viele Anlegerinnen und Anleger kommt aber nur der Sparplan in Frage.

Wenn Sie Ihr Gold-Pantoffel-Portfolio komplett mit Wertpapieren, also mit Aktien- und Anleihen-ETF sowie einem Gold-ETC aufgestellt haben, können Sie dieses auch bequem weiter besparen.

Einmalanlage

Die Vor- und Nachteile der einmaligen Anlage einer größeren Summe wurden bereits in einem früheren Kapitel besprochen (siehe „Wie sollten Sie Ihr Geld im Portfolio anlegen?“, siehe Seite 54).

Für viele Anlegerinnen und Anleger stellt sich diese Frage aktuell auch gar nicht. Durch eine Erbschaft, eine Schenkung oder andere Faktoren kann diese Frage aber in mittelfristiger Zukunft dennoch relevant werden.

Auch dann gilt die Abwägung bezüglich des „richtigen“ Zeitpunktes einerseits und des dann notwendigen Rebalancing andererseits.

Sparpläne

Mit Sparplänen schließen Sie das Risiko aus, genau zum „falschen“ Zeitpunkt in den Markt einzusteigen, denn mit den regelmäßig – zum Beispiel monatlich – ausgeführten Wertpapierkäufen mitteln sich die Preise, weil Sie sowohl in Hoch- wie in Niedrigphasen Wertpapiere an der Börse kaufen. Sparpläne sind flexibel veränderbar – auch weitere Einmalzahlungen sind stets möglich.

Für die regelmäßige Investition in einen Gold-Pantoffel schließen Sie nicht nur zwei, sondern – wenn möglich – drei Sparpläne ab. Einige Direktbanken wie Consorsbank und Comdirect bieten ab einer Sparsumme von 10 Euro oder 25 Euro Sparpläne auf Gold-ETC wie Xetra-Gold und Euwax-Gold II an. Dafür werden Gebühren ab 1,5 Prozent fällig. Bei Neobrokern wie Trade Republic gibt es sogar kostenlose Sparpläne etwa für den iShares Physical Gold ETC.

Je nachdem, für welche Gold-Pantoffelvariante sie sich entscheiden, teilen Sie Ihre Sparrate auf die drei Bestandteile auf. Können Sie beispielsweise monatlich 200 Euro sparen und haben sich für den ausgewogenen Gold-Pantoffel mit einer höheren Aktien- als Zinsquote entschieden, richten Sie einen Sparplan für den Aktien-ETF in Höhe von 100 Euro (50 Prozent) monatlich ein, einen Sparplan für einen Anleihen-ETF bestücken Sie mit 90 Euro (45 Prozent) monatlich und die verbleibenden 10 Euro gehen in einen Gold-ETC-Sparplan.

Ist Ihre monatliche Sparrate niedriger als 200 Euro, ist meist kein monatlicher Sparplan für den Gold-ETC möglich, da Sie mit 5 Prozent Goldanteil dann unter der Mindestanlagesumme von 10 Euro liegen. Das ist aber kein Problem. Denn Sie können Sparpläne auch in mehrmonatigen, halbjährlichen oder jährlichen Intervallen einrichten. Teilen Sie Ihre Goldsparrate dann so auf, dass Sie regelmäßig entsprechend Ihres Pantoffelanteils investieren. Sparen Sie beispielsweise monatlich insgesamt 100 Euro, zahlen Sie nur alle zwei Monate in den Gold-ETC. Bei 50 Euro Gesamtsparsumme müssten Sie einen Viermonats-Rhythmus wählen.

Bietet Ihre Bank keinen Gold-ETC-Sparplan an, können Sie sich so behelfen, dass Sie die Sparsummen für das Gold auf einem Tagesgeldkonto sammeln und zu festen Stichtagen manuell investieren. Das ist natürlich aufwendiger und widerspricht an sich dem Grundgedanken des einfachen und bequemen Pantoffel-Portfolios. Überlegen Sie daher, ob sich in diesem Fall nicht die Eröffnung eines Depot bei einer Direktbank lohnt, die Gold-ETC-Sparpläne anbietet. Ihre drei Sparpläne müssen auch nicht alle bei der gleichen Bank eingerichtet sein. Es erleichtert allerdings die Übersichtlichkeit.

Hat Ihre Bank zwar Gold-ETC-Sparpläne im Angebot, verlangt dafür aber höhere Sparplangebühren als 1,5 Prozent, lohnt sich dort ein Sparplan nicht. Gehen Sie dann vor, wie im vorherigen Absatz beschrieben.

Wenn Sie Ihr Pantoffel-Portfolio im Sicherheitsbaustein statt mit einem Anleihen-ETF mit Festgeldern bestücken, ist ebenfalls ein automatisch eingerichteter Sparplan nicht möglich. Auch in diesem Fall sammeln Sie die Sparrate für den Zinsanteil zum Beispiel per Dauerauftrag auf einem Tagesgeldkonto und investieren halbjährlich oder jährlich in ein Festgeld.

Wie bei der Einmalanlage sollten Anlegerinnen und Anleger auch beim Sparplan darauf achten, dass die Gewichtung ihres Portfolios während der Laufzeit nicht aus dem Gleichgewicht gerät. Handeln müssen sie aber erst dann, wenn die tatsächliche Zusammensetzung des Depots um mehr als 20 Prozent von der gewünschten Aufteilung abweicht. Wie das geht, lesen Sie unter dem Abschnitt „Rebalancing Ihres Portfolios“ im Kapitel „Lagerung und Verkauf“ ab Seite 122.

FINE
GOLD
999,9
101384

Kaufen, investieren und besparen

Als Goldinvestor können Sie in physisches Gold investieren, aber auch in Wertpapiere, die mit der Entwicklung des Goldpreises zusammenhängen. Wie das geht und worauf Sie dabei achten müssen, erfahren Sie hier.

Auch erfahrenere Anleger und Anlegerinnen, die bereits in verschiedene Anlageklassen wie Aktien und Anleihen investiert haben, sind anfangs oft unsicher, wie genau sie ihr Portfolio mit Goldanlagen breiter aufstellen sollen. Sie haben nicht nur die Wahl zwischen physischem Gold oder „Gold-Wertpapieren“, sondern auch innerhalb dieser beiden grundsätzlichen Anlagemöglichkeiten gibt es verschiedene Alternativen. Die Anhänger physischen Goldes können beispielsweise zwischen Anlagegold, Goldschmuck und Sammlermünzen wählen. Dann stellt sich noch die Frage, wo man physisches Gold am besten und günstigsten kauft. Wer Gold lieber in seinem Wertpapierdepot lagern will, muss sich zwischen Aktien, speziellen Anleihen, Fonds oder Goldsparplänen entscheiden. Mittlerweile gibt es auch verschiedene Möglichkeiten, Nachhaltigkeitsaspekte bei der Goldanlage zu berücksichtigen. Mitunter versuchen aber auch Betrüger, unerfahrene Anlegende um ihr Geld zu bringen.

Physisches Gold kaufen

Klassisch legen Sie in Gold an, indem Sie es in Form von Münzen und Barren kaufen. Das nötige Hintergrundwissen hilft Ihnen, überhöhte Preise oder Betrügereien zu vermeiden.

Goldschmuck und der Feingehalt von Gold

Wollen Sie physisches Gold kaufen und bei sich zu Hause oder in einem externen Tresor verwahren, sollten Sie sich auf Goldbarren und -münzen statt auf Goldschmuck konzentrieren. Auch wenn ein Großteil des weltweiten Goldes zu Schmuck verarbeitet wurde, sind Ringe, Ketten und andere Schmuckarbeiten als Geldanlage nicht so gut geeignet. Denn die Werthaltigkeit von Schmuck ist von vielen Faktoren abhängig. So können zum Beispiel für den Eigentümer nicht immer sichtbare Feinheiten wie die Güte mitverarbeiteter Edelsteine, winzige Risse oder Farbveränderungen oder auch die Reinheit des verwendeten Materials erhebliche Auswirkungen auf den Preis haben. Wer dennoch über Schmuck in Gold investieren will, sollte sich unter anderem auf dem Schmuckmarkt auskennen, nur bei renommierten Juwelieren kaufen und gegebenenfalls vor dem Kauf ein Wertgutachten in Auftrag geben.

Besitzen Sie bereits Schmuck in nennenswertem Umfang, lohnt eine genaue Bestandsaufnahme. Juweliere und eine Goldwaage helfen Ihnen, den Wert abzuschätzen. Als ansetzbarer Wert für die Geldanlage zählt hier grundsätzlich nur der Materialwert des Goldes (siehe auch die Tabelle rechts „Wie viel Gold ist drin?"). Um Gold im Portfolio nicht zu stark zu gewichten, ist es ratsam, vorhandenen Schmuck in die Anlageplanung einzubeziehen.

Ein Beispiel

Anleger A hat ein ausgewogenes Pantoffel-Portfolio in Höhe von 50000 Euro aufgebaut. Er möchte 10 Prozent in Gold anlegen, also 5000 Euro. Durch den Tod der Mutter erhält er Goldschmuck im Materialwert von 10000 Euro. Damit ist ausreichend Gold vorhanden – erst bei einem weiteren Vermögenszuwachs müsste später Gold nachgekauft werden. Verkaufen würde Anleger A jedoch keinen Goldschmuck, denn hier spielt auch der immaterielle Wert eine Rolle.

Karat und der Feingehalt von Gold

Als Feingold wird reines Gold bezeichnet, das mindestens einen Goldanteil von 999 von 1000 aufweist. Im Edelmetallhandel mit Barren und Münzen ist der Goldgehalt ein wichtigerer Maßstab als in der

Schmuckindustrie. Standard-Anlagebarren und -münzen anerkannter Hersteller haben in der Regel einen Goldgehalt von mindestens 99 Prozent. „Good delivery"-Barren, die dem Mindeststandard der London Bullion Market Association (LBMA) entsprechen, müssen mindestens 995/1000 (99,5 Prozent) Reinheitsgehalt aufweisen.

Gold dieser Güte ist aufgrund seiner Weichheit eher ungeeignet für die Schmuckherstellung. Daher wird Gold in der Schmuckindustrie Kupfer, Silber, Nickel, Cadmium oder Zink beigefügt, um es härter zu machen. Dadurch ändert sich auch die Farbe der Legierung. Soll diese beispielsweise eher dunkelrot („Rotgold") sein, wird Kupfer beigemischt, für eine hellere Erscheinung des Metalls („Weißgold") kann Silber verwendet werden. Wird dem Gold Palladium zugesetzt, erhält man sogenanntes Graugold, Cadmium erzeugt einen leichten Grünstich.

Je nachdem, wie hoch der verbleibende Goldgehalt dann noch ist, ergibt sich der Feingehalt der Legierung. In der Schmuckindustrie üblich sind 333er-, 585er- und 750er-Legierungen (von jeweils 1000). Gold mit einem Feingehalt von 333 enthält also 33,3 Prozent Gold, 750er-Gold beinhaltet 75 Prozent Gold. In Deutschland kommt 585er-Gold am häufigsten in der industriellen Schmuckfertigung zur Anwendung, da es einerseits gut verarbeitet werden kann, andererseits aber günstiger als eine 750er-Goldlegierung ist.

Wie viel Gold ist drin?

Feingehalt in Tausendsteln	Karat (kt)	Goldanteil in Prozent
999	24	99,9 %
833	20	83,3 %
750	18	75,0 %
585	14	58,5 %
417	10	41,7 %
333	8	33,3 %

Ein anderes System zur Gewichtsangabe des Feingoldgehaltes ist Karat. Dieses wird für Gold nur im Schmuckbereich verwendet. Karat drückt den Goldanteil einer Legierung in 24tel Gewichtsanteilen aus. 24 Karat Gold sind danach reines Gold. Bei 12 Karat Gold entspräche der reine Goldanteil eines Schmuckstückes der Hälfte des Gesamtgewichts.

Goldmünzen zur Anlage

Für alle, die physisches Gold zur Anlage besitzen wollen, sind gängige Goldanlagemünzen in der Einheit 1 Feinunze (31,1 Gramm) und Goldbarren ab 100 Gramm die bessere Wahl. Bei den Münzen sind zum Beispiel der südafrikanische Krügerrand, der kanadische Maple Leaf, der Wiener Philharmoniker, der China Panda oder das Aus-

umicore
FEINGOLD
999,9
1000g
02077

umicore
FEINGOLD
999,9
500g

CHAFNER
seit 1850
GERMANY
100 g FEINGOLD 999,9

999,9 FINEGOLD

Goldbarren und Goldmünzen in Originalgröße

So groß – beziehungsweise so klein – sind einige der gängigsten Goldbarren und Goldmünzen. Zum Vergleich: ganz rechts eine 1-Cent-Münze.

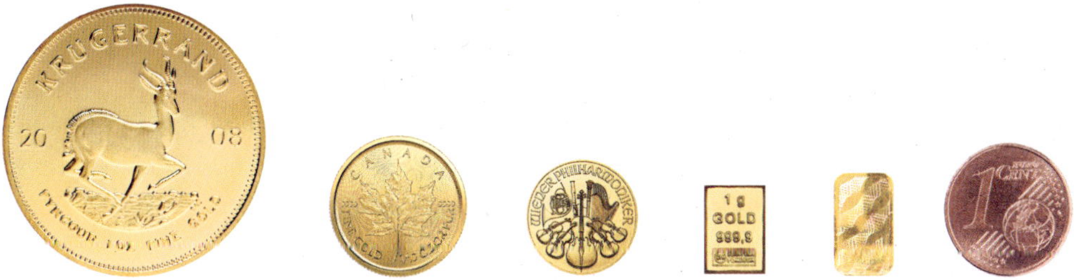

Gewicht des großen Barren:
400 Unzen (ca. 12,44 Kg)
Maße: ca. 25,8 x 7,6 x 3,8 cm

tralian Kangaroo erste Wahl. Für diese Münzen gibt es einen großen Zweitmarkt, und Anleger können sie im Bedarfsfall leicht wieder verkaufen. Die Münzen werden in hohen Stückzahlen geprägt und haben einen hohen Goldanteil. Sie werden auch „Bullionmünzen" genannt, obwohl der aus dem Englischen stammende Begriff „Bullion" für „Barren" steht. Diese Goldmünzen werden in den Größen 1/25, 1/20, 1/10, ¼, ½ und 1 Unze angeboten. Der Preis ergibt sich dann aus dem aktuellen Goldpreis zuzüglich einer Marge für den Händler.

Weltweit am meisten gehandelt werden Münzen in der Größe einer Feinunze. Diese haben verhältnismäßig geringe Prägekosten und sind leicht verkäuflich. Daher weisen sie auch eine geringe Differenz zwischen An- und Verkaufspreis, den sogenannten Spread, aus.

Sammlermünzen sind keine Geldanlage

In Postwurfsendungen und Annoncen werben Münzhändler immer wieder für Münzen, die oft interessante Motive wie ein Konterfei des Papstes, Symbole der Deutschen Einheit oder auch Motive aus Star-Wars-Filmen zieren.

Diese sogenannten Sammlermünzen eignen sich nicht als Anlage, da sie neben dem Materialwert einen ideellen Sammlerwert haben. Für Sammler, die die Münze behalten wollen, mag das kein Problem sein. Wenn Sie aber in Gold als Anlage investieren wollen, können Sie nicht voraussehen, ob Sie bei einem späteren Verkauf jemanden finden, der auch den „ideellen" Wert der Münze mitbezahlt.

Beispielrechnung für eine Bud-Spencer-Münze: Kosten und echter Wert

Im August 2022 wurde von einem Goldhändler eine Goldmünze aus dem Jahr 2019 zum Gedenken an den 90. Geburtstag des 2016 verstorbenen Kult-Schauspielers Bud Spencer zum „Spar-Preis" von 219 statt 239 Euro angeboten. Die Auflage beträgt 10 000 Exemplare weltweit, das Material besteht aus „massivem Gold" (585/1000) in der Prägequalität „polierte Platte" und die Münze wiegt 1,55 Gramm.

Ist der Spar-Preis sein Geld wert? So errechnen Sie sich den tatsächlichen Materialwert der Münze: Da es sich um eine 585er-Goldmünze handelt, sind also 58,5 Prozent Feingold enthalten. Das bedeutet bei einem Gesamtgewicht von 1,55 Gramm, dass die gesamte Münze rund 0,91 Gramm Gold enthält.

Diese einfache Rechnung zeigt, wie hoch der ideelle Aufpreis der Sammlermünze ist: 1 Gramm Gold kostete am 9. August 2022 56,21 Euro. Der reine Goldwert der Bud-Spencer-Münze betrug also an diesem Tag (56,21 Euro x 0,91 =) 51,15 Euro. Selbst beim „Sparangebot" von 219 statt 239 Euro machte der Goldwert nur rund 23 Prozent des Gesamtpreises aus. 77 Prozent entfallen auf den Sammlerwert. Und dieser ist in seinem zukünftigen Verlauf unkalkulierbar.

Fazit: Eine gute Geldanlage sieht anders aus.

Reich mit einer Olympia-Goldmedaille?

Haben denn wenigstens die olympischen Sportler etwas Materielles von Ihrer Leistung?

Athleten bei Olympischen Spielen träumen in allererster Linie vom ideellen Wert einer Goldmedaille. Sie stellt den Höhepunkt eines entbehrungsreichen Sportlerlebens dar, auf den viele Jahre hintrainiert wird.

Der materielle Goldwert der Siegermedaille hingegen ist eher bescheiden. Die rund 550 Gramm schwere Medaille enthält nur 6 Gramm reinen Goldes, was zum Tag der Eröffnungsfeier der letzten Winterspiele in Peking (China) einem Materialwert von rund 660 Euro entsprach.

Ganz so arm dran sind viele Goldgewinner aber natürlich nicht. Neben den möglichen lukrativen Einnahmen aus Werbeverträgen erhalten erfolgreiche Athleten oft Prämien ihrer Herkunftsländer.

Bei den ersten olympischen Spielen der Neuzeit – 1896 in Athen – bekam der griechische Marathonsieger Spyridon Louis neben einem Stück Land und einer kleinen Rente einen Esel und ein Fuhrwerk, denn neben seinem Hauptberuf als Schafhirte arbeitete er in Athen als Wasserschlepper.

HÄTTEN SIE'S GEWUSST?

Der größte Goldbarren der Welt wiegt stolze **250 Kilogramm.** Mit seinen 45,5 x 22,5 x 17 Zentimetern hat er „nur" die ungefähren Maße eines großen Schuhkartons.

Die 2017 aus dem Berliner Bode-Museum gestohlene Goldmünze „Big Maple Leaf" wog **100 Kilogramm** und hatte einen Durchmesser von 53 Zentimetern.

Die kleinsten Goldmünze der Welt wiegt **0,063 Gramm** und hat einen Durchmesser von 2,96 Millimeter. Auf ihr ist Albert Einstein abgebildet.

Italienische Sieger erhielten 2022 für eine Goldmedaille in Peking 180 000 Euro Prämie. Spanien zahlte 90 000 Euro Prämie, Frankreich 65 000 Euro pro Medaille.

Bescheidener ging es für deutsche Olympiasieger zu: Die Stiftung Deutsche Sporthilfe honorierte Olympiasiege mit einer Prämie in Höhe von 20 000 Euro. Britische Olympiasieger der Spiele in London wurden 2012 besonders geehrt, indem ihre Porträts auf Briefmarken gedruckt wurden. Auf diesen war sonst meist nur die Queen zu sehen.

Einen echten Goldwert hatte ein Sieg bei den olympischen Spielen 2016 in Rio für iranische Sportler: Das iranische Sportministerium lobte 300 Goldmünzen und einen ein Kilogramm schweren Schuh aus dem gelben Edelmetall als Prämie aus.

Versteigerte und ersteigerte Goldmedaillen

Mitunter machen prominente olympische Medaillengewinner ihre Auszeichnungen auch zu Geld. So versteigerten zum Beispiel Schwimmerin Sandra Völker, Skispringer Matti Nykänen, Turnerin Olga Korbut oder Boxer Evander Holyfield ihre Olympiamedaillen. Bei solchen Auktionen werden Preise erzielt, die meist ein Vielfaches über dem Materialwert liegen.

Die auf diese Weise bisher wertvollste Goldmedaille der Welt ist die, die der amerikanische Leichtathlet Jesse Owens bei den Olympischen Spielen 1936 in Berlin erhielt. Sie erzielte bei einer Auktion den Erlös von knapp 1,5 Millionen US-Dollar.

Abgesehen sicherlich von dieser und weiterer äußerst geschichtsträchtiger Goldmedaillen ist jedoch auch hier der zukünftige Wert völlig unkalkulierbar. Insofern stellt auch die Ersteigerung einer Goldmedaille keine sinnvolle, empfehlenswerte Geldanlage dar.

Goldbarren zur Anlage

Die üblicherweise bei Goldhändlern angebotenen Gewichte bei Goldbarren reichen von 1 Gramm bis 1 Kilogramm. Man unterscheidet zwischen geprägten Goldbarren, die meist bis 100 Gramm angeboten werden, und gegossenen Barren. Die Herstellung geprägter Goldbarren entspricht im Wesentlichen dem Prozess, der auch bei der Produktion von Münzen angewendet wird. Sie sind eher flach, auf beiden Seiten mit einem Motiv versehen und glänzend. Gegossene Barren sehen gröber aus und haben rundliche Kanten sowie einen Stempel an der Oberfläche. Auf den Wert hat es grundsätzlich aber keine Auswirkung, ob der Barren gegossen oder geprägt ist.

Generell gilt beim Goldkauf: je größer die Einheit, desto günstiger für den Kunden. Die Stiftung Warentest hat im Mai 2021 untersucht, wie viel Goldbarren und Standardmünzen bei Banken und Edelmetallhändlern kosten. Die entscheidende Größe ist der prozentuale Aufschlag auf den Goldpreis, der vor allem vom Gewicht der Goldeinheit abhängt. Je kleiner die Barren oder Münzen, desto teurer wird es. Während für einen 1-Kilogramm-Barren bei einigen Anbietern rund 2 Prozent Aufschlag zum aktuellen Börsenpreis zu zahlen sind, sind es bei einem 1-Gramm-Barren oft mehr als 20 Prozent. Bei Goldmünzen wiegen die Prägekosten in Relation zum Materialwert weniger schwer, wenn die Münze ein höheres Gewicht hat.

Manche Goldkäufer kaufen 1-Gramm-Barren nur, um sich für einen aus ihrer Sicht drohenden Zusammenbruch des Finanzsystems zu wappnen. Ob es in diesem unwahrscheinlichen Fall möglich wäre, Brötchen mit Mini-Goldbarren zu bezahlen, erscheint aber zumindest fraglich. Wer sich für einen solchen fingernagelgroßen 1-Gramm-Barren entscheidet, zahlt nach der Auswertung der Stiftung Warentest im günstigsten Fall zwischen 12 und 13 Prozent Aufschlag auf den aktuellen Goldpreis, oft deutlich über 20 Prozent, im teuersten Fall sogar bis zu 38 Prozent. Das ist wirtschaftlich unvernünftig.

Legen Sie trotzdem Wert auf kleine portable 1-Gramm-Goldbarren oder Goldmünzen, sind „Multipackungen" eine etwas günstigere Alternative als nur einzelne 1-Gramm-Stücke.

Die MultiDisc von Heraeus besteht beispielsweise aus zehn 1-Gramm-Goldbarren, das MapleGram-Set aus 25 1-Gramm-Münzen. Der 50x1-Gramm-Combibar ähnelt einer Tafel Schokolade und auch bei diesem können Sie einzelne Reihen und Barren verlustfrei herausbrechen.

Wollen Sie größere Mengen Gold kaufen, überlegen Sie dennoch, ob Sie nicht statt beispielsweise einem 1-Kilo-Barren nicht lieber zehn 100-Gramm-Barren kaufen. Letztere sind zwar insgesamt etwas teurer, bieten aber eine deutlich größere Flexibilität, zum Beispiel wenn Sie nur einen Teil wieder verkaufen, verschenken oder an einen anderen Ort mitnehmen wollen.

Goldbarren wie im Film? Wird in Gangsterfilmen eine Bank ausgeraubt, sieht man dort stapelweise große Goldbarren liegen, wie den auf Seite 70 unten. Diese Barren wiegen pro Stück etwa 12,5 Kilogramm – mehr als ein großer gefüllter Wassereimer. Für Privatanleger sind diese Barren unüblich. Wegen ihres Gewichts und der enormen Wertakkumulation in einem einzigen Barren sind sie wenig für die eigene Geldanlage geeignet.

Gold kaufen – sicher und günstig

Neben grundsätzlichen Vorsichtsregeln gibt es auch viele überprüfbare Sicherheitsmerkmale. Beim Preis lohnt der Vergleich.

Immer wieder hört man Geschichten von gefälschten Goldbarren und Goldmünzen. Und natürlich ist es auch für Anlegerinnen und Anleger wichtig, sich auf die Echtheit des gekauften Goldes verlassen zu können.

Den wichtigsten Rat, den man Goldinvestoren und -investorinnen dazu geben kann, ist, nur bei seriösen Fachhändlern und Banken physisches Gold zu kaufen.

Sicherheitsmerkmale bei physischem Gold

Darüber hinaus lassen sich Fälschungen häufig mit einfachen Mitteln wie einem Messschieber oder einer Feinwaage erkennen. Für die geläufigen Anlagemünzen wie Maple Leaf und Krügerrand gibt es obendrein spezielle Prüfschablonen, mit denen Gewicht, Dicke, Durchmesser und Form der zu prüfenden Münze mit dem Original verglichen werden können.

Aber auch viele Barrenhersteller und Prägestätten sind sich des Problems gefälschter Produkte bewusst und haben verschiedene Sicherheitsmerkmale für ihre Produkte entwickelt, die es Fälschern schwerer machen sollen, Goldbarren und -münzen täuschend echt zu kopieren.

Aufgrund der aufwendigeren Prägungen sind Goldmünzen grundsätzlich fälschungssicherer als Goldbarren. Die kanadische Maple-Leaf-Goldmünze besitzt zum Beispiel eine Laser-Mikrogravur, die ein strukturiertes Ahornblatt auf der Bildseite zeigt, in dem sich ein weiteres, abermals kleineres Ahornblatt befindet. Darin steht eine Zahl, die aus den letzten beiden Ziffern des entsprechenden Prägejahres besteht.

Goldbarren werden häufig mit einem Feingewicht zwischen 1 Gramm und 1 Unze gefälscht. Dazu kommen unedle Materialien wie Wolfram oder Messing zum Einsatz, die mit einer dünnen Goldschicht überzogen werden. Die Dichte von Wolfram entspricht fast der von Gold und weist außerdem einen fast identischen Schmelzpunkt auf, weshalb es sich für Fälschungen „eignet". Um diese zu erschweren, bieten viele Hersteller unterschiedliche und eigene Sicherheitsmerkmale. Das können Seriennummern und Echtheitszertifikate sein, aber auch beispielsweise die Verwendung eines sogenannten Kinegramms. Dieses optische Sicherheitsmerkmal leuchtet je nach Betrachtungswinkel und Lichteinfall in den Farben eines Regenbogens und wird unter anderem auch bei Ausweisdokumenten verwendet.

Gold bei Banken kaufen

Anleger, die sich nicht weiter informiert haben, werden als erste Anlaufstelle für den Kauf physischen Goldes bei der örtlichen Filiale einer Bank oder Sparkasse vorstellig werden. Manche Kreditinstitute haben auch Goldbarren und -münzen im Angebot. Allerdings sind diese in den meisten Filialen nicht vorrätig, sondern müssen vorbestellt werden. Überdies nehmen viele Banken keine Kaufaufträge von Fremdkunden an. Einfach in eine beliebige Bankfiliale hereinzuspazieren und beispielsweise eine Krügerrand-Münze kaufen oder bestellen zu wollen, ist daher nur in Ausnahmefällen möglich.

Gold bei Edelmetallhändlern kaufen

Anlegerinnen und Anleger können Gold auch bei spezialisierten Edelmetall- und Münzhändlern kaufen. Bei diesen gehört der An- und Verkauf von Edelmetallen zu Anlagezwecken oder für Sammler zum Kerngeschäft, daher ist die Auswahl an Münzen und Barren häufig deutlich umfangreicher als bei Banken. Auch größere Bestellmengen sind in der Regel problemlos möglich. Oft sind die Preise günstiger als bei der Hausbank und viele Edelmetallhändler,

HÄTTEN SIE'S GEWUSST?

Sie können Gold im Wert bis 1999,99 Euro bei Gold-Fachhändlern anonym kaufen und bar bezahlen (sogenanntes Tafelgeschäft).

Dies ist eine der wenigen noch verbliebenen legalen Möglichkeiten, Vermögenswerte anzuschaffen, die nicht elektronisch per Knopfdruck nachvollziehbar sind.

Weder der Staat noch der Verkäufer können im Nachhinein die Identität des Goldkäufers feststellen.

Ab einer Investitionssumme von 2000 Euro ist der Händler hingegen gemäß Geldwäschegesetz (GwG) verpflichtet, sich über die Identität des Käufers zu informieren und die Transaktion aufzuzeichnen.

Eine Bezahlung mit Kreditkarte oder per Girocard wird ohnehin elektronisch aufgezeichnet.

die Geschäfte mit Privatkunden tätigen, agieren als Vertriebspartner eines Edelmetallgroßhändlers.

Der Edelmetallhandel gehört nach der Gewerbeordnung zu den „überwachungsbedürftigen Gewerben", bei denen die zuständige Gewerbebehörde die Zuverlässigkeit des Händlers prüfen muss. Edelmetallhändler unterliegen zudem besonderen Vorschriften und Vorgaben des Geldwäschegesetzes. Dazu gehört unter anderem, dass sie ein Risikomanagement betreiben und bestimmten Sorgfaltspflichten genügen sowie jeden Geldwäscheverdacht anzeigen müssen.

Gold online kaufen

Vor allem in Großstädten können Sie Barren oder Münzen direkt bei einer Bank oder einem Edelmetallhändler abholen. In ländlicheren Regionen ist dies allerdings nicht so einfach und Sie müssen mitunter weite Strecken bis zur nächsten Abholstelle zurücklegen. Eine Alternative sind daher Goldhändler, die neben dem Verkauf über eine Filiale auch Onlineshops anbieten und die Münzen oder Barren nach Hause liefern. Daneben gibt es auch einige reine Onlineversandhändler ohne Verkaufs- oder Abholstelle. Bei seriösen und etablierten Anbietern ist die Gefahr, dass die wertvolle Fracht auf dem Transportweg gestohlen wird oder verloren geht, sehr gering. Die Verantwortung dafür, dass die Barren oder Münzen beim Besteller ankommen, trägt grundsätzlich der Anbieter. In der Regel versenden die Onlinehändler Barren und Münzen nur gegen Vorkasse.

Große Gold-Onlineshops sind zum Beispiel:

- **Degussa Goldhandel** (https://shop.degussa-goldhandel.de)
- **Pro Aurum** (www.proaurum.de)
- **Auragentum** (www.auragentum.de)
- **ESG Edelmetalle** (www.edelmetall-handel.de)
- **Goldsilbershop** (www.goldsilbershop.de)
- **Anlagegold24** (www.anlagegold24.de)
- **Philoro Edelmetall** (www.philoro.de)

Physisches Gold im Wertpapierdepot

Die Targobank bietet in Zusammenarbeit mit dem Goldhändler Proaurum die Möglichkeit, über die Ordermaske der Bank Anlagegold wie ein Wertpapier zu kaufen und verkaufen. Zur Auswahl stehen acht verschiedene Goldmünzen und Goldbarren. Voraussetzung dafür ist ein (Wertpapier-)Depot bei der Targobank. Die Bank vereinnahmt beim Kauf und Verkauf Margen in Form von Auf- beziehungsweise Abschlägen von bis zu 3,5 Prozent bei Münzen oder bis zu 200 Euro bei Barren. Das erworbene Gold wird in einem Hochsicherheitstresor bei Proaurum gegen eine Gebühr von 0,8 Prozent jährlich verwahrt. Anlegerinnen und Anleger haben auch die Möglichkeit, sich Ihr Gold nach Hause liefern zu lassen.

Dann entfällt freilich die Handelsmöglichkeit über das Depot.

Vergleichen Sie Goldpreise vor dem Kauf

Wenn Sie physisches Gold kaufen, richtet sich der Preis, den Sie bezahlen müssen, nicht nur nach dem aktuellen Preis, zu dem Gold an den Börsen gehandelt wird. Da Gold an den Weltmärkten überwiegend in Dollar gehandelt wird, bestimmt auch der Dollar/Euro-Kurs den Euro-Preis von Goldanlagen in Deutschland. Natürlich wollen aber auch die Goldhändler und -verkäufer etwas verdienen. Die Aufpreise auf den Euro-Goldpreis, den Händler verlangen, unterscheiden sich je nach Kaufobjekt mitunter stark. Das zeigen sowohl eine Untersuchung der Stiftung Warentest vom Mai 2021 (test.de, Stichwort „Gold richtig kaufen") als auch eine neue Überprüfung vom 15.6.2023. Es gibt nicht den einen günstigsten Edelmetallhändler, sondern die Anbieter unterscheiden sich abhängig davon, ob Sie sich für Münzen oder Barren interessieren und welches Gewicht diese haben sollen.

In den Onlineshops der Edelmetallhändler können Sie sich die aktuellen Preise ansehen und miteinander vergleichen. Einfacher ist es, Vergleichsportale wie gold.de oder gold-preisvergleich.de zu nutzen. Diese listen die günstigsten Anbieter auf und zeigen, welchen Aufschlag diese jeweils auf den aktuellen Spotpreis nehmen. Der Spot-Goldpreis ist der Goldmarktpreis, den Sie aktuell im Internet in Gold-Charts sehen können. Dieser wechselt unaufhörlich und wird nicht von einer offiziellen Börse oder einem offiziellen elektronischen System wie etwa Xetra, dem Handelssystem der Frankfurter Börse für Wertpapiere, erstellt. Er bildet vielmehr einen Durchschnittskurs ab, der aus den Goldgeschäften an den wichtigsten Handelsplätzen zusammengestellt wird.

Tagesaktuell die günstigsten Goldmünzen und -barren kaufen

Wenn Sie beispielsweise eine 1-Unze-Anlagemünze kaufen wollen, wählen Sie die am Kauftag jeweils günstigste der gängigen Anlagemünzen. So kann etwa an einem Tag eine 1-Unze-Münze American Eagle einen Kaufaufschlag von über 4 Prozent aufweisen, während eine Krügerrand nur 3 Prozent und eine Maple Leaf nur 2 Prozent teurer als der Gold-Spotpreis sind. Der unterschiedliche Aufschlag resultiert vor allem aus der aktuellen Nachfrage und dem derzeitigen Angebot und kann in einigen Tagen, Wochen und Monaten wieder ganz anders aussehen. Wählen Sie in unserem Beispiel die Maple-Leaf-Münze, optimieren Sie Ihren potenziellen Anlageerfolg, da Sie – bei gleichem Materialwert aller Münzen – die günstigste kaufen.

Wenn Sie sich das Gold zusenden lassen, berücksichtigen Sie auf jeden Fall auch die entstehenden Versandkosten des jeweiligen Händlers.

Ethisch-ökologisches Gold

Bei Aktien und Anleihen existiert mittlerweile ein großes Angebot, bei dem der Nachhaltigkeitsaspekt im Vordergrund steht. Gold hat hier noch Aufholbedarf – aber es wird besser.

Vor allem im Wertpapierbereich bei Aktien und Anleihen sowie Fonds und ETF, ist in den letzten Jahren der Gedanke der Nachhaltigkeit stark in den Vordergrund getreten. Die sogenannten ESG-Kriterien sind dort bei der Bewertung von Anlagen und Unternehmen nicht mehr wegzudenken. Deren Einhaltung und Förderung wird auch von der Politik massiv unterstützt, was unter anderem die Agenda 2030 der Vereinten Nationen mit ihren 17 Nachhaltigkeitszielen (www.17ziele.de) und der Aktionsplan der EU-Kommission (European Green Deal), mit dem Europa als erster Kontinent klimaneutral werden soll, zeigen.

ESG steht für „Environment, Social, Governance", also Umwelt, Soziales und Unternehmensführung. Diese Abkürzung hat sich in der Finanzwelt etabliert, um auszudrücken, ob und wie bei Anlagestrategien ökologische und sozial-gesellschaftliche Aspekte sowie die Art der Unternehmensführung berücksichtigt werden.

Gold ist nicht „grün"

Bei der Goldanlage ist es für Anlegerinnen und Anleger hingegen noch äußerst schwer, nachhaltig zu investieren. Goldminenbetreiber in Südamerika, Afrika oder Asien achten längst nicht immer auf einen umweltverträglichen und nachhaltigen Rohstoffabbau.

Für ein Kilogramm Gold müssen rund 1000 Tonnen Steine bewegt werden und man benötigt Chemikalien wie Quecksilber und Zyanid, um das Gold von den Steinen zu trennen. Es kommt vor, dass die Chemikalien in Flüsse oder Seen gelangen und ein Risiko für die Trinkwasserversorgung ganzer Regionen darstellen (siehe auch Infografik „Flecken trüben den Glanz, Seite 40).

So verseuchten beispielsweise im Jahr 2000 in Rumänien schwermetallhaltige Schlämme die Theiss, den größten Zufluss der Donau. Jegliches Leben in den Gewässern wurde ausgerottet und die Giftbelastung war bis in die mehrere Hundert Kilometer entfernte Donau nachweisbar. Auch giftige Dämpfe können beim Goldabbau entweichen und die Luft für Mensch und Tier vergiften. Minen im Tage- und Bergbau hinterlassen oft große Kraterlandschaften und Ödnisse.

Daneben gibt es noch weitere schwerwiegende Faktoren, die nicht zu einer nachhaltigen Geldanlage passen:

- **Schwierige Arbeitsbedingungen:** Die Arbeit in einer Goldmine ist sehr anstrengend und gesundheitsschädlich. Dennoch verdienen die Arbeiter oft wenig. Noch schlechter ergeht es Schürfern, die vom Kleinbergbau abhängig sind, kaum ein Auskommen haben und ihre Familien manchmal über längere Zeit nicht sehen. Beim Umgang mit hochgiftigen Chemikalien sind die Arbeiterinnen und Arbeiter großen Gesundheitsgefahren ausgesetzt oder sterben, wenn beispielsweise Minenschächte einbrechen.
- **Kinderarbeit:** Noch immer schuften weltweit Tausende Kinder in illegalen Minen, zum Teil in Stollen unter Tage. Sie sind bei gefährlichen Sprengarbeiten vor Ort oder gehen mit hochgiftigen Stoffen wie Quecksilber um.
- **Goldabbau in Krisenregionen und Kriminalität:** Nicht wenige Goldvorkommen liegen in politisch instabilen Krisengebieten oder in Staaten, die von Diktatoren regiert werden. Es besteht die Gefahr, dass mit den Erlösen aus der Goldförderung Waffen, Kriege und der Machterhalt der aktuellen Eliten finanziert werden. Auch Schmuggel, Landraub und Gewalttaten gehen in einigen Fällen mit der Goldförderung einher.
- **Unregulierte Minen:** Vor allem der sogenannte ASGM-Sektor (Artisanal and Small-Scale Gold Mining), der den kleinen und überwiegend handwerklich betriebenen Goldabbau umfasst, gilt als wenig kontrolliert und schwer kontrollierbar. Der Anteil der weltweiten Goldförderung durch die „Kleinbergleute" ist mit geschätzten 10 Prozent klein, hingegen arbeitet dort mit geschätzten 20 Millionen Menschen ein Großteil der Arbeitskräfte im Goldabbau.

Mindeststandard: LBMA Responsible Sourcing Programme

Der weitaus größte Anteil der weltweiten Goldproduktion kommt aus Minen großer Konzerne, die zumindest nach gewissen internationalen Standards arbeiten.

Das Zertifikat der LBMA zum Handel mit Goldbarren am größten außerbörslichen Handelsplatz für physisches Gold in London erhalten beispielsweise nur Hersteller, die die „Responsible Gold Guidance"-Standards der LBMA erfüllen.

Die 2012 eingeführte Richtlinie soll verhindern, dass Gold zu systematischen oder weitreichenden Menschenrechtsverletzungen, zu Konfliktfinanzierungen, zur Geldwäsche oder zur Terrorismusfinanzierung beiträgt. Die seitdem regelmäßig aktualisierte Richtlinie wurde zuletzt um Punkte ergänzt, die Fragen der Unternehmensführung, der Umwelt und der Nachhaltigkeit berücksichtigen.

Die Einhaltung der Responsible Gold Guidance erfordert unter anderem Maßnahmen wie die Unterstützung von Initiati-

Standards und Siegel

LBMA Good Delivery Refiner

Fairtrade Gold

Fairmined Gold

Fairmined Eco Gold

Valcambi Green Gold

Auropelli Responsible Gold

von, die verantwortungsvolle Lieferketten für alle Formen des Bergbaus in Konfliktgebieten sicherstellen oder ein Vorgehen bei Menschenrechtsverletzungen erleichtern. Ferner müssen sich goldverarbeitende Raffinerien mit ihren Lieferanten über ESG-Themen (Umwelt, Soziales und Unternehmensführung) austauschen und sie bei der Umsetzung von Nachhaltigkeitsrichtlinien unterstützen.

Die Raffinerien werden unabhängig jährlich geprüft und sind verpflichtet, offentlich zu berichten. Bei Nichteinhaltung der Responsible-Gold-Richtline droht ihnen, von der „Good Delivery"-Liste der LBMA gestrichen zu werden.

Weitere Standards und Siegel

Neben den LBMA-Standards gibt es weitere Initiativen, Zertifizierungen und Siegel, die

Fairmined Standard für Gold

Von handwerklichem Bergbau und Kleinbergbau

Quelle: Fairmined.org

für eine größere Nachhaltigkeit bei der Goldanlage eintreten.

- **Fairmined:** Fairmined ist ein Gütesiegel, das Gold aus verantwortungsvollem Kleinbergbau zertifiziert (https://fairmined.org/de). Dahinter steht die gemeinnützige Alliance for Responsible Mining (ARM), deren Ziel es ist, den handwerklichen Kleinbergbau so zu unterstützen, dass er legal, organisiert und gewinnbringend fungieren kann und dabei mit effizienten Technologien und gesellschaftlich sowie ökologisch verantwortlich arbeitet. Dazu gehört unter anderem ein garantierter fairer Preis für die geförderten Edelmetalle und eine Sozialprämie von 4000 bis 6000 US-Dollar je Kilogramm Gold. Mit der Sozialprämie werden demokratisch ausgewählte Gemeinschaftsprojekte wie zum Beispiel Schulen gefördert. Ein Anbieter Fairmined-zertifizierten Goldes in Deutschland ist die Fairever GmbH aus Leipzig (fairever.gold/de).
- **Fairtrade:** In anderen Bereichen des Handels, beispielsweise bei Kaffee, ist das Fairtrade-Siegel in Deutschland schon bekannt. Das Fairtrade-Gold-Siegel wird von der Fairtrade Labelling Organizations International (FLO), dem Dachverband der Fairtrade Organisation, vergeben. Es spielt vor allem im Schmuckbereich eine Rolle. Mit dem Fairtrade-Siegel Gold (fairtrade-deutschland.de/gold/) können Anbieter von Gold – von kleinen Goldschmieden bis zu großen Schmuck- und Uhrenanbietern – Schmuck offerieren, der mit nachhaltigem Gold produziert wurde. Fairtrade garantiert, dass das Gold im kleingewerblichen Bergbau gewonnen wurde, bei dem der Schutz der Minenarbeiter, ihrer Familien und Gemeinschaften sowie die Einhaltung von Arbeits- und Umweltschutzbestimmungen im Vordergrund standen. Auch hier gibt es einen Mindestpreis und eine Sozialprämie von 2000 US-Dollar je Kilogramm Gold. Die komplette Lieferkette – von der Goldmine bis zum Barren – wird dabei kontrolliert. Die beteiligten Unternehmen geben Berichte über die Verkaufszahlen ab und unterwerfen sich regelmäßigen externen Überprüfungen. Damit soll die lückenlose Nachvollziehbarkeit sichergestellt und mit dem Fairtrade-Gold-Siegel der Öffentlichkeit gegenüber sichtbar gemacht werden.
- **Auropelli Responsible Gold und Green Gold:** Auch verschiedene Gold-Scheideanstalten bieten eigene Marken „nachhaltigen" Goldes an. Valcambi bietet die Auropelli-Goldbarren in Größen von 1 bis 100 Gramm an. Das Gold stammt aus zertifizierten Minen in Nevada (USA), bei denen nachweisbar ist, dass diese keine Kinderarbeit zulassen und Menschenrechte sowie unter anderem die Regelungen der LBMA achten. Sie haben keine zusätzliche Fairtrade-

Prämie und sind damit nur geringfügig teurer als „normale" Investmentbarren. Unter der Bezeichnung Green Gold bietet Valcambi Goldbarren und Goldgranulat aus nachhaltiger Förderung an. Der Anbieter wirbt unter anderem damit, dass kein Regenwald für den Goldabbau weichen musste, da die Minen in der Wüste Nevada liegen. Bei Valcambi Green Gold muss überdies ein verminderter Chemikalieneinsatz beim Goldabbau nachgewiesen sein.

Recyclinggold und ältere Münzen

Trotz aller vorgenannten Regelungen und Bemühungen für eine nachhaltige Goldproduktion gibt es kein völlig sauberes Anlagegold. Eine Alternative kann sogenanntes Recyclinggold sein, also wiederverwertetes Gold. Wenn Sie bei einem Investment in Anlagegold darauf setzen, fördern Sie zumindest nicht den Neuabbau und seine schädlichen Folgen für Umwelt und Menschen und unterstützen die Wiederverwertung des Edelmetalls.

Bei Gold, das vor 2012 verarbeitet wurde, muss nach einem Leitfaden der OECD „für die Erfüllung der Sorgfaltspflicht zur Förderung verantwortungsvoller Lieferketten für Minerale aus Konflikt- und Hochrisikogebieten" keine lückenlose Lieferkette nachgewiesen werden. Bei Recyclinggold ist daher auch nicht ausgeschlossen, dass es dubiose Praktiken bei seiner Förderung oder dem Handel damit gab. Da Goldmünzen mit dem Prägejahr versehen sind, können Anleger und Anlegerinnen bei diesen leicht erkennen, ob es sich um alte Münzen handelt und so zumindest frisch geschürftes Gold vermeiden. Einige Händler geben Kunden die Wahl, ob sie den neuesten Jahrgang oder einen älteren haben möchten.

Die Scheideanstalt C. Hafner verwendet nach eigenen Angaben nur 100-prozentiges Recyclinggold. Beim Eingangsmaterial des Recyclingprozesses handele es sich ausschließlich um Sekundärmaterial, also um Abfälle aus der industriellen Be- und Verarbeitung von Edelmetallen, etwa für die Schmuck- und Uhrenproduktion, sowie Altgold, das zuvor zum Beispiel zu Schmuck, Münzen oder Zahngold verarbeitet wurde.

CO_2-neutrales Gold

Die Scheideanstalt C. Hafner bietet nach eigenen Angaben den ersten CO_2-neutralen Goldbarren an. Das Gewicht des Barrens beträgt eine Unze.

Der Barren soll nicht nur ausschließlich aus Sekundärmaterial bestehen, auch bei allen Prozessen der Entstehung kommen laut Anbieter ausschließlich regenerative Energien und modernste Anlagen zum Einsatz. Unvermeidliche CO_2-Emissionen werden laut Anbieter über anerkannte Klimaschutzprojekte ausgeglichen. Die Goldbarren sind dadurch etwas teurer als herkömmliche Barren oder solche aus Recycling-Gold.

Gold-ETC

Mit Gold-ETC können Sie das Edelmetall in Wertpapierform kaufen. Dies ermöglicht eine preiswerte und flexible Beimischung von Gold in Ihrem Wertpapierdepot.

Anlegerinnen und Anleger, die Gold vor allem zu Anlagezwecken halten wollen und den Aufwand und das Risiko scheuen, die mit dem Besitz physischen Goldes einhergehen, können seit 2003 das Edelmetall mit sogenannten Gold-ETC auch in Wertpapierform kaufen. ETC steht für Exchange Traded Commodities (auf Deutsch: börsengehandelte Rohstoffe). ETC funktionieren im Prinzip genauso wie ETF (auf Deutsch: börsengehandelte Fonds) – mit einem großen Unterschied: Anleger erwerben kein Sondervermögen, sondern eine Schuldverschreibung. Anders als bei ETF sind sie also nur Gläubiger gegenüber dem Herausgeber – dem sogenannten Emittenten – des Goldpapiers. Ein Schuldversprechen ist aber immer nur so werthaltig wie derjenige, der es abgibt. Es besteht grundsätzlich das Risiko, dass Anleger einen Totalverlust erleiden, wenn der Herausgeber Insolvenz anmeldet, das sogenannte Emittentenrisiko.

Schuldverschreibungen werden auch Anleihen, Rentenpapier oder Obligation genannt. Die bekanntesten Formen sind Staats- und Unternehmensanleihen. So ungeschützt wie die Gläubiger herkömmlicher Schuldverschreibungen sind ETC-Käufer aber meist nicht. Denn einige Herausgeber von ETC hinterlegen diese mit Sicherheiten bei einem Treuhänder, um das Emittentenrisiko gering zu halten. Bei besicherten Gold-ETC hinterlegt der Emittent physisches Gold in Tresoren renommierter Depotbanken. Einige Anbieter kaufen dafür auch nur Goldbarren, die internationalen Standards wie beispielsweise dem „Good Delivery Standard“ der LBMA entsprechen. Mitunter stellen sie im Internet sogar Listen der gekauften Goldbarren mit deren Registrierungsnummern zur Verfügung. Bei einem Insolvenzfall würden Anleger nach dem Verkauf der Barren bestenfalls voll entschädigt. Da die ETC-Anbieter als einzigen Geschäftszweck die Verwaltung der ETC haben, ist zudem die Gefahr einer Insolvenz gering.

Anleger sollten sich die am Markt angebotenen Gold-ETC dennoch genau anschauen. So bilden einige Gold-ETC den Goldpreis zwar nach, sind aber nicht vollständig mit echtem Gold besichert. Man spricht hier auch von synthetisch replizierenden Gold-ETC. Dabei bekommt die ETC-Gesellschaft lediglich die Performance des Goldpreises von einem Partnerinstitut über ein Tauschgeschäft (sogenanntes Swap-Geschäft) geliefert.

Auch werden währungsgesicherte ETC angeboten, die den Goldpreis in Euro statt in US-Dollar abbilden. Man erkennt sie in der Regel daran, dass im Namen EUR oder Euro Hedged (deutsch „abgesichert") vorkommt. Eine Währungssicherung kann Anlegerinnen und Anlegern aber Geld und damit Rendite kosten.

Vor- und Nachteile von Gold-ETC

ETC sind Wertpapiere wie Aktien, Fonds und Anleihen auch. Die einzelnen Produkte haben eigene Wertpapierkennnummern beziehungsweise Isins (International Securities Identification Number) und können damit von Anlegern über ihre Hausbank oder ihre Onlinebank leicht gekauft und im Depot mit anderen Wertpapieren verwahrt werden. Sie sind sehr liquide und können jederzeit über die Börse verkauft werden. Die jährlichen Gesamtkostenquoten liegen abhängig vom Anbieter und Produkt zwischen 0 und 0,59 Prozent. Im Vergleich zu physischen Goldmünzen und -barren fallen die Aufschläge beim Kauf deutlich geringer aus.

In besonderen Kriegs- oder Krisenzeiten – die hoffentlich nie eintreten werden – können Sie ETC allerdings nicht einfach mitnehmen, wie dies bei physischem und zu Hause verwahrtem Gold der Fall wäre. Wer Gold als „letzte Versicherung" für Notzeiten kaufen will, ist mit physischem Gold besser bedient. Beim Verkauf sind manche Gold-ETC steuerlich dem physischen Gold gleichgestellt: Es fällt keine Steuer auf einen Verkaufsgewinn an, wurde der jeweilige ETC länger als ein Jahr gehalten.

Einzelheiten dazu erfahren Sie im Abschnitt „Steuern bei Gold-Fonds und Gold-ETF" ab Seite 134.

Auslieferung mit Hürden

Bei einigen mit Gold besicherten ETC können sich Anleger und Anlegerinnen ihren Anteil auf Wunsch sogar als Barren liefern lassen. Dabei sollten Sie aber die Bedingungen im Auge behalten sowie prüfen, ob sich der Aufwand und die Kosten einer Auslieferung wirklich lohnen.

Beim größten deutschen ETC, Xetra-Gold, erwerben Sie Eigentumsrechte an einer Ihrer Anlagesumme entsprechenden Menge Gold. 95 Prozent des Goldes werden in physischer Form bei der Clearstream Banking AG verwahrt, einem Tochterunternehmen der Deutschen Börse AG. Die restlichen 5 Prozent sind Lieferansprüche auf Gold gegen die Umicore AG & Co. KG in Hanau. Ab einer Menge von 1 Gramm Gold können Sie sich dieses an die eigene Hausbank liefern lassen. Anleger, die nur ein Konto bei einer Onlinebank haben, müssen selbst eine Bank suchen, die sich zur Annahme des Goldes bereit erklärt. Die Kosten für eine Lieferung sind unter anderem abhängig von der Menge des auszuliefernden Goldes und dem Standort der Hausbank des Anlegers.

Bei Euwax Gold II, das von der Börse Stuttgart herausgegeben wird, lässt sich die Auslieferung des hinterlegten Goldes einfacher umsetzen. Ab 100 Gramm oder einem Vielfachen davon erhebt der Anbieter keine Kosten. Viele Direktbanken unterstützen die Auslieferung, vereinzelt werden dafür Gebühren erhoben. Die Lieferung zum Anleger nach Hause ist möglich.

Gold-ETF: in Deutschland nicht zum Vertrieb zugelassen

ETF ist die Abkürzung für Exchange Traded Funds, was auf Deutsch börsengehandelte Fonds heißt. Meistens bildet ein ETF einen Index ab, wie beispielsweise den deutschen Aktienindex Dax oder den amerikanischen Dow Jones Index. Der ETF entwickelt sich dann so wie der entsprechende Index. Steigt beispielsweise der Dax, erzielt der Anleger eines Dax-ETF Kursgewinne, fällt der Dax, macht der ETF-Anleger Verlust. ETF sind preiswert, transparent und flexibel. Sie kosten oft nur einen Bruchteil von dem, was aktiv gemanagte Investmentfonds verlangen. Ihre Entwicklung ist jederzeit nachvollziehbar: Sie steigen und fallen so wie der Index, den sie abbilden. Da ETF an der Börse gehandelt werden, können sie dort jederzeit gekauft und auch wieder verkauft werden.

Gold-ETF, die nur auf die Entwicklung des Goldpreises setzen, sind in der EU allerdings nicht zugelassen. Denn Investmentfonds, zu denen ETF gehören, müssen nach dem Grundsatz der Risikomischung anlegen. Fonds dürfen danach grundsätzlich nur bis zu 10 Prozent ihres Vermögens in Einzeltitel investieren, und in begründeten Ausnahmen maximal 35 Prozent. Die meisten Fonds sind sogenannte OGAW-Fonds (englisch UCITS). Das sind solche, die entsprechend der europäischen OGAW-Richtlinien (Organismen für gemeinsame Anlagen in Wertpapieren für Fonds) aufgelegt wurden. Diese Richtlinien regeln recht detailliert, in welche Vermögensgegenstände Fonds anlegen dürfen, wie sehr sie ihr Vermögen streuen müssen und welche Anforderungen es an den Geschäftsprozess, die Geschäftsführer und an die Verwahrstellen gibt. OGAW-Fonds dürfen nur bei ausreichender Streuung über mehrere Rohstoffe in solche investieren. Ein reiner Gold-ETF, der nur in das Edelmetall investiert, erfüllt die Vorgaben der OGAW-Vorschriften also nicht.

Daher können in Deutschland (und der gesamten EU) „Gold-Papiere" nur als Inhaberschuldverschreibung angeboten werden, wie zum Beispiel die bereits beschriebenen ETC (Exchange Traded Commodities, börsengehandelte Rohstoffe, siehe den Abschnitt „Gold-ETC", Seite 86).

Gold ETF außerhalb der EU

Außerhalb der EU sind echte Gold-ETF wie den SPDR Gold Shares ETF oder den UBS ETF (CH) Gold erlaubt.

Die wichtigsten mit Gold hinterlegten Wertpapiere

Gold wird in US-Dollar gehandelt. Euro-Anleger haben deshalb neben dem Kurs- auch ein Währungsrisiko. Bei ETC mit Währungsabsicherung können sie es ausschalten, dafür sind aber die Kosten dieser Produkte höher.

Name des Produkts	Emittent	Isin	Jährliche Kosten (%)	Auslieferung von Gold mögl.[1]
ETC ohne Währungsabsicherung				
Amundi Physical Gold	Amundi Physical Metals	FR 001 341 671 6	0,12	nein
Euwax Gold	Boerse Stuttgart Securities	DE 000 EWG 0LD 1	0,00	ja, ab 100 g
Euwax Gold II	Boerse Stuttgart Securities	DE 000 EWG 2LD 7	0,00	ja, ab 1 g
Gold Bullion Securities	Gold Bullion Securities	GB 00B 00F HZ8 2	0,40	ja (Münzen)
HANETF The Royal Mint Physical Gold	HANetf ETC Securities	XS 211 533 633 6	0,22	ja, ab 1 Unze
Invesco Physical Gold ETC	Invesco Physical Markets	IE 00B 579 F32 5	0,12	nein
iShares Physical Gold	iShares Physical Metals	IE 00B 4ND 360 2	0,15	nein
Wisdomtree Phys. Gold	Wisdomtree Metal Securities	JE 00B 1VS 377 0	0,39	nein
Wisdomtree Phys. Swiss Gold	Wisdomtree Metal Securities	JE 00B 588 CD7 4	0,15	ja, ab 1 g
Wisdomtree Core Phys. Gold	Wisdomtree Metal Securities	JE 00B N2C J30 1	0,12	ja, ab 1 g
Xetra-Gold	Deutsche Börse Commodities	DE 000 A0S 9GB 0	0,00[2]	ja, ab 1 g
Xtrackers IE Phys. Gold	Xtrackers ETC	DE 000 A2T 0VU 5	0,12	nein
ETC mit Währungsabsicherung				
Invesco Phys. G. EUR Hedged	Invesco Physical Markets	XS 218 393 527 4	0,34	nein
WisdomTree Phys. Gold EUR Daily Hedged	WisdomTree Hedged Metal Securities Securities Limited	JE 00B 8DF Y05 2	0,15[3]	nein
Xtrackers Phys. G. Hedged ETC	DB ETC	DE 000 A1E K0G 3	0,59[3]	nein

[1] Die Kosten für die Auslieferung hängen vom Goldpreis, von der Stückelung und von weiteren Faktoren ab.
[2] 0,36% jährliche Kosten für die Verwahrung im Wertpapierdepot. [3] Einschließlich der Kosten für Währungssicherung.
Quellen: Produktinformationsblätter, eigene Recherche. Stand: Juli 2023

Der SPDR Gold Shares ist wahrscheinlich der bekannteste Gold-ETF, aufgelegt im Jahr 2004 vom US-Anbieter State Street Global Advisors. Er ist auch unter dem Namen SPDR Gold Trust bekannt und gilt als größtes börsengehandeltes Goldprodukt der Welt und als einer der größten ETF überhaupt. Das Portfolio dieses ETF besteht ausschließlich aus Gold, das in Barrenform in London gelagert wird.

Der Gold-ETF der UBS investiert in physisches Gold in Form von Standardbarren zwischen 1 Gramm und 12,5 Kilogramm (etwa 400 Unzen). Das Gold wird in einem Hochsicherheitstresor in der Schweiz aufbewahrt. Das Anlageziel ist die Abbildung des Preises von Gold der London Bullion Market Association (LBMA) in US-Dollar.

Diese ETF sind wie gesagt für den Vertrieb an Anleger in der EU nicht zugelassen. Anlegerinnen und Anleger können Sie manchmal über Umwege erwerben, was wir aber nicht empfehlen.

Fonds und ETF auf Gold-Unternehmen

Indirekt lässt sich in Gold anlegen, indem man in Firmen investiert, die Goldminen betreiben. Manche Fonds und ETF bündeln solche Unternehmen.

Um indirekt an der Entwicklung des Goldpreises zu partizipieren, können Anlegerinnen und Anleger natürlich auch in einzelne Unternehmen aus der Goldgewinnung investieren. Eine Möglichkeit ist zum Beispiel, Einzelaktien von Goldminenbetreibern zu kaufen, eine andere, einen Goldminen-ETF zu kaufen.

Das Risiko von Goldminen-Einzelaktien ist hoch. Denn deren Wert hängt nicht nur von der Entwicklung des Goldpreises ab, sondern auch von der Profitabilität und anderen firmeneigenen Faktoren ab. Der Goldpreis und die Kurse der Goldminen-Gesellschaften korrelieren im Schnitt zu rund 60 Prozent.

Andererseits ist eine Goldminenaktie vereinfacht dargestellt eine Art Optionsschein auf den Goldpreis, bei dem die Produktionskosten der Goldmine den Basispreis ausmachen. Denn die Kosten, um eine bestimmte Menge Goldes aus der Mine zu fördern, sind für das Unternehmen weitgehend konstant. Sind die Produktionskosten bei einem bestimmten Goldpreis gedeckt, steigt der Wert des Unternehmens mit dem Goldpreis. Fällt der Goldpreis unter die Produktionskosten, kann die Mine Verluste machen. Man spricht hier auch vom sogenannten Goldpreishebel. Arbeitet das Unternehmen unterhalb des aktuellen Goldpreises trotzdem profitabel, kann es selbst bei einem stagnierenden oder sogar fallenden Goldpreis mitunter dennoch Gewinne erwirtschaften.

„All In Sustaining Cash"-Kosten (AISC-Kosten) und Goldpreishebel

Ein vom World Gold Council – der Lobbyorganisation der Goldunternehmen – festgelegter Standard, um die Kosten von Goldminen zum Erhalt einer Unze Gold vergleichbar zu machen, sind die „All In Sustaining Cash"-Kosten. Diese sagen aus, welchen Preis eine Unze Gold auf dem Markt erzielen muss, damit die jeweilige Goldmine keinen Verlust macht. Die AISC-Kosten umfassen zunächst Cash-Kosten – die reinen Förder- und Verarbeitungskosten. Dazu kommen die All-in-Cash-Kosten, die neben den Kosten für die Exploration auch jene für die Gewinnung der Förderrechte, Fremdkapital, Verwaltung sowie Steuern und Lizenzgebühren bezeichnen.

Die dritte Kostenkomponente umfasst alle Aufwandsarten, die im Zusammenhang mit der Instandhaltung und Entwicklung einer Mine anfallen. Hohe AISC-Kosten bedeuten aber nicht zwingend, dass die Goldförderung eines Goldminenunternehmens grundsätzlich teuer ist. Ein hoher Wert kann auch dadurch entstehen, dass ein Unternehmen eine neue Mine in Betrieb genommen hat.

Mit den AISC-Kosten lässt sich auch der Goldpreishebel verdeutlichen: Hat ein Goldminenunternehmen AISC-Kosten von 1000 Dollar, macht es bei einem Goldpreis von 1500 Dollar einen Gewinn je Unze von 500 Dollar. Steigt der Goldpreis auf 2000 Dollar, steigt er prozentual um 33,3 Prozent. Der Gewinn des Unternehmens steigt hingegen um 100 Prozent. Der Wert der Aktie des Unternehmens wird daher in der Regel viel stärker steigen als der Goldpreis. Natürlich wirkt der Hebel auch in die andere Richtung, wenn der Goldpreis fällt. Bei einem Goldpreisrückgang auf 1000 Dollar, macht das Unternehmen keinen Gewinn mehr, sein Verlust ist 100 Prozent, auch wenn der Goldpreis nur um ein Drittel gefallen ist.

Goldminenaktien sind riskant

Die Gewinnchancen und -risiken und damit auch die Schwankungsbreite (die sogenannte Volatilität) des Aktienkurses von Goldminenaktien sind hoch. Ein neuer Goldfund kann den Kurs einer Goldminenaktie stark steigen lassen, Proteste der lokalen Bevölkerung oder Streiks der Minenarbeiter können den Aktienkurs einbrechen lassen. Auch Umweltrisiken spielen eine bedeutende Rolle, da beispielsweise Unfälle, die zu großen Schäden an Natur und Umwelt führen, nicht ausschließlich finanzielle Schäden für das Unternehmen bedeuten, sondern auch dessen weltweites Ansehen zerstören können.

Daneben macht es einen Unterschied, ob Anleger in einen großen Goldproduzenten oder ein kleineres Explorationsunternehmen investieren. Letztere haben vielleicht gerade erst damit angefangen, eine Mine und die weiteren Produktionsschritte aufzubauen und können noch Jahre vor sich haben, bis sie profitabel werden.

Für Anleger, die ihr Risiko streuen wollen, empfiehlt es sich daher, in „Gold-Fonds" zu investieren. Damit werden häufig gemanagte Fonds oder ETF bezeichnet, die in Unternehmen aus den Bereichen der Goldförderung, also Goldminenbetreiber und der Goldverarbeitung, zum Beispiel Raffinerien, die das Gold verfeinern und verkaufsbereit machen, anlegen. Einige Fonds und ETF setzen auch auf Goldhändler oder Schmuckhersteller. Gold-Fonds legen hingegen nicht direkt in Gold an, da dies für Investmentfonds in der EU wegen des Grundsatzes der Risikostreuung nicht zulässig ist.

Gemanagte Gold-Fonds

In der Regel handelt es sich bei gemanagten Gold-Fonds um Aktienfonds. Ein Fondsmanager wählt erfolgversprechende Aktien für den Fonds aus und investiert das eingesammelte Geld der Anleger. Anleger erhalten Anteile am Fondsvermögen, indem sie einmalig einen Betrag investieren oder über einen Sparplan regelmäßig Geld einzahlen.

Wenn es sich bei Gold-Fonds – wie zumeist – um OGAW-Fonds handelt, muss die Fondsgesellschaft den Grundsatz der Risikomischung beachten, um das Gesamtrisiko des Fonds zu reduzieren. Durch die Streuung über verschiedene Wertpapiere kann das Ausfallrisiko einzelner Positionen verringert werden. Entwickelt sich eine Aktie sich nicht gut oder ist von negativen Ereignissen betroffen, wird der Verlust durch die positive Entwicklung anderer Positionen im Fonds idealerweise ausgeglichen. In Deutschland zugelassene Fonds müssen mindestens 16 verschiedene Werte enthalten. Ein großer Vorteil von Investmentfonds ist, dass Anleger sich mit kleinen Beträgen beteiligen können und dennoch eine breitere Streuung (Diversifikation) in unterschiedliche Wertpapiere erhalten.

Das Fondsmanagement eines Gold-Fonds kauft Aktien von Unternehmen aus der Goldbranche, mitunter befinden sich aber auch Unternehmen aus weiteren Rohstoffbereichen im Portfolio des Fonds. Das können Anleger oft am Namen des Fonds erkennen. Heißen diese beispielsweise

„Gold and Precious Metals", investiert der Fonds meist auch in Aktiengesellschaften, die andere Edelmetalle und Mineralien wie zum Beispiel Silber, Platin oder Palladium fördern und verarbeiten. Ebenso kann die Bezeichnung „Gold und Ressourcen" im Fondsnamen stehen. Der Fonds kann sein Vermögen dann in der Regel auch in Aktien von Gesellschaften investieren, die in der Exploration, Förderung und Verarbeitung von Gold, sonstigen Metallen, seltenen Erden und anderen Rohstoffen wie Öl, Gas und Uran sowie nachwachsenden Rohstoffen tätig sind.

Wichtig für Ihre Anlageentscheidung und das Risiko einer Investition in einen Gold-Fonds sind, welche Schwerpunkte der Fonds bei den Unternehmen setzt, in die er investiert. Sind dies beispielsweise eher große und bekannte Firmen der Gold- und Rohstoffbranche wie Newmont Mining, Barrick Gold, Goldcorp, Newcrest Mining, Rio Tinto oder Freeport McMoran ist das Risiko im Allgemeinen geringer als bei kleinen Explorationsunternehmen.

Sie sollten sich also vor einem Investment in einen aktiv gemanagten Gold-Fonds informieren, wie Ihr Geld von diesem genau angelegt werden kann. Bei allen Direktbanken und Informationsplattformen wie onvista.de oder finanzen.net finden Sie erste Informationen zur Anlagepolitik und den größten Positionen und Bestandteilen der Fonds und können sich die wesentlichen Anlegerinformation sowie den Verkaufsprospekt und die regelmäßigen Berichte herunterladen. In der Fondsdatenbank der Stiftung Warentest (test.de/fonds) können Sie gezielt nach Fonds aus bestimmten Bereichen suchen. Dort finden Sie unter dem Suchfilter „Fondsgruppe" > „Aktien Branchen" > „Aktien Rohstoffe Edelmetalle Welt" detaillierte Informationen und Bewertungen zu Fonds aus diesen Bereichen.

Indizes für Goldunternehmen

Im Bereich der ETF für Goldunternehmen gibt es verschiedene Indizes, in die Anlegerinnen und Anleger über einen ETF investieren können:

- **NYSE Arca Gold BUGS Index (HUI):** Der wohl bekannteste Goldminen-Index ist der NYSE Arca Gold BUGS Index, der 1996 mit einem Basiswert von 200 Punkten aufgelegt wurde. Er wird nach seinem Tickersymbol „HUI" auch HUI Index genannt. Ein Tickersymbol ist meist eine Abkürzung aus ein bis vier Buchstaben für ein börsennotiertes Unternehmen in den USA. In Deutschland wird hingegen die Wertpapierkennnummer (WKN) oder die internationale Wertpapierkennnummer (Isin) mit sechs beziehungsweise zwölf Ziffern verwendet. Die Abkürzung BUGS ist nicht mit dem umgangssprachlichen englischen Begriff „bucks" zu verwechseln, der Dollar bedeutet und mit dem deutschen Synonym für Geld für Knete oder Kröten vergleichbar ist. Vielmehr steht BUGS für „Basket of Unhedged Gold Stocks".

Im HUI-Index sind also nur Aktien von internationalen Goldproduzenten vertreten, die ihre Goldproduktion nicht absichern (das englische Fachwort ist „hedgen") oder nur in geringem Umfang an den Terminbörsen handeln. Diese Unternehmen sind daher stark von der aktuellen Entwicklung des Goldpreises abhängig. Die im HUI vertretenen Unternehmen müssen an den Börsen New York Stock Exchange, NYSE Amex oder Nasdaq gelistet sein.

Der HUI ist ein Kursindex, was bedeutet, dass Dividenden nicht in die Berechnung einfließen. Der Indexstand wird ausschließlich aufgrund der Aktienkurse ermittelt und nur um Erträge aus Bezugsrechten und Sonderzahlungen bereinigt. Die Gewichtung der im HUI enthaltenen Unternehmen erfolgt nach deren Marktkapitalisierung, also

Goldpreis und Goldminenaktien im Vergleich

Mit einem Goldminen-ETF überproportional vom steigenden Goldpreis profitieren? Dafür bedarf es schon viel Glück beim Timing, denn diese Art ETF schwanken stark im Wert. Wie der Chart zeigt, entwickelt sich der NYSE Arca Gold Miners Index deutlich volatiler als der Goldpreis. Anleger, die ein sicheres Investment suchen, werden sich damit wahrscheinlich die Finger verbrennen.

Quelle: Refinitiv, eigene Berechnungen. Stand: Juli 2023.

dem Gesamtwert der am Markt frei handelbaren Anteile. Der HUI wird häufig als Benchmark, als Vergleichsindex, herangezogen. Wie die Tabelle „NYSE Arca Gold BUGS Index (HUI)" (siehe Seite 154) zeigt, wird dieser Index aber sehr stark von den drei Unternehmen Newmont, Barrick Gold und Franco-Nevada beherrscht, die zusammen fast 40 Prozent des Gesamtgewichtes des Index' ausmachen. Die Entwicklung des HUI ist daher auch außerordentlich von der Entwicklung dieser drei Unternehmen abhängig.

- Beim **NYSE Arca Gold Miners Index** handelt es sich um einen Index, der die Wertentwicklung der größten börsennotierten Unternehmen der Welt abbildet, die sich dem Gold- und Silberbergbau widmen. Auf diesen Index gibt es auch einen 1.-Wahl-ETF (siehe S. 155).
- Der **Junior Gold Miners Index** bildet die Wertentwicklung der liquidesten jungen Unternehmen in der globalen Gold- und Silberabbauindustrie ab, die mindestens 50 Prozent ihrer Umsätze in diesem Sektor erzielen oder dies beabsichtigen.
- **Philadelphia Gold and Silver Index (XAU):** Eine größere Marktbreite als der HUI hat der ebenfalls bekannte Philadelphia Gold and Silver Index (der nach seinem Tickersymbol kurz XAU genannt wird). Dieser Index wurde bereits 1979 ins Leben gerufen und in ihm befinden sich im Unterschied zum HUI auch Goldunternehmen, die aktives Hedging betreiben und ihre Förderung schon im Voraus zu festgelegten Preisen verkaufen. Im XAU sind 30 Werte vertreten, die nach ihrer Marktkapitalisierung gewichtet sind. In Deutschland gibt es jedoch keinen ETF, mit dem Anleger in den XAU investieren können.

In Deutschland handelbare Indizes

Neben den bekannten Indizes NYSE Arca Gold BUGS , NYSE Arca Gold Miners und Philadelphia Gold and Silver haben verschiedene Anbieter Indizes aufgelegt, deren Entwicklung Anleger mit ETF nachvollziehen können. Welche das sind, zeigt die Tabelle „In Deutschland angebotene Goldminen-ETF" im Service auf Seite 155.

- Der von S&P berechnete **Commodity Producers Gold Index** umfasst 60 weltweit börsennotierte Unternehmen, die sich mit der Exploration und Produktion von Gold und verwandten Produkten und Grundstoffen befassen.
- Der **Daxglobal Gold Miners Index** bietet Zugang zu 32 der größten Unternehmen der Goldbergbaubranche, die mindestens 50 Prozent ihrer Einnahmen mit Goldminen erzielen.
- Im **Solactive Global Pure Gold Miners Index** sind Unternehmen der Goldbergbaubranche vertreten, die mindestens 90 Prozent ihrer Einnahmen mit dem Goldabbau erwirtschaften.

- Der **Solactive AuAg ESG Gold Mining Index** umfasst Unternehmen der Gold- und Silberbergbaubranche weltweit. Nur die nach ESG-Kriterien (Umwelt, Soziales und Unternehmensführung) 25 besten Unternehmen der Branche werden in den Index aufgenommen. Bei diesem Index sind nicht wie bei den anderen Indizes Branchenriesen wie Newmont Mining und Barrick Gold die größten Positionen. Da der ETF von HANetf auf diesen Index erst im Juli 2021 aufgelegt wurde und noch sehr klein ist, wird er von Finanztest noch nicht bewertet.

Mit Sparplänen Gold kaufen

Wer regelmäßig feste Beträge in Gold anlegen und sich nicht um das Timing kümmern möchte, ist mit Sparplänen gut bedient. Es gibt sie für Gold-Wertpapiere und für physisches Gold.

→ **Beim Sparen für die Altersvorsorge** sind Sparpläne mit Investmentfonds und ETF – beziehungsweise ETC – ein beliebtes und bewährtes Mittel. Statt (nur) einmalig eine größere Summe anzulegen, werden dabei meist monatlich konstante kleinere Beiträge eingezahlt.

Bei den meisten Banken sind Fonds- und ETF-Sparpläne ab 50 Euro im Monat möglich, bei manchen Banken schon ab 25 Euro monatlich oder gar zu noch geringeren Beträgen. Der große Vorteil einer Sparplan-Strategie ist, dass Kursschwankungen an den Börsen für Anleger und Anlegerinnen keine große Rolle mehr spielen, da sie ihre Fondsanteile je nach Börsenlage mal teurer, mal günstiger kaufen.

Im langfristigen Durchschnitt erzielen sie dadurch meist bessere Renditen als Anlegerinnen und Anleger, die nur zu wenigen Zeitpunkten mit hohen Beträgen in den Markt einsteigen, dann aber womöglich gerade auf Hochpunkten oder zumindest relativ teuer einkaufen.

Ein Sparplan „entstresst“: Er nimmt Anlegerinnen und Anlegern das Risiko und das Gefühl, genau zum falschen Zeitpunkt zu kaufen.

Sparpläne mit Gold-ETC

Ebenso wie Sie über Fonds- und ETF-Sparpläne regelmäßig in Aktien und Anleihen investieren können, gibt es diese Möglichkeit auch bei einigen Gold-ETC. Sie werden allerdings in der Regel nur bei Direktbanken und Onlinebrokern im Internet, nicht bei Filialbanken angeboten. Auch hier betragen die monatlichen Mindestsparraten meist 10 oder 25 Euro. Die Kosten für die Sparplanausführung liegen je nach Anbieter meist zwischen 0 und 1,50 Prozent der Sparrate.

Wenn Sie darüber nachdenken, einen Gold-ETC Sparplan einzurichten, achten Sie auf die Gewichtung, die Gold in Ihrem Gesamtportfolio einnehmen soll. Denn wenn der Goldanteil 10 Prozent betragen soll, müssten Sie bei einem monatlichen 50-Euro-Sparplan weitere 450 Euro – also 90 Prozent – als monatliche Sparsumme in Zinsanlagen, Aktien-ETF-Sparpläne und gegebenenfalls Immobilien investieren, um den Goldanteil nicht überproportional anwachsen zu lassen.

Sie können aber statt monatlicher beispielsweise auch eine vierteljährliche Ausführung beim Goldsparplan wählen, um Ihren Spielraum zu verbessern. Auch können Sie Sparpläne jederzeit pausieren, wenn eine „Unwucht" in das Depot gekommen ist. Dadurch verlieren Sie allerdings einen Teil des Vorteils des beständigen Kaufs, der zu besseren Durchschnittspreisen führt.

Alternativ nehmen Sie die überproportionalen Kaufsummen beim Goldsparplan in Kauf und korrigieren dies durch eine regelmäßige Anpassung der Gewichtung Ihrer Anlagen.

Dies nennt man in der Fachsprache Rebalancing. Rebalancing bedeutet, dass Sie beispielsweise jährlich die Gewichtung der Vermögensklassen (wie Aktien, Anleihen, Immobilien, Gold) Ihres Anlageportfolios überprüfen und so anpassen, dass die von Ihnen gewünschte Anlageverteilung, die sogenannte Asset Allocation, wieder erreicht wird. Hierfür könnten zum Beispiel Aktien oder Gold verkauft werden, wenn deren Anteil zu hoch ist und dafür andere Vermögenswerte wie festverzinsliche Wertpapiere oder Immobilien gekauft werden. Haben Sie neues Geld zum Anlegen, beispielsweise aus einer kleinen Erbschaft, könnten Sie auch gezielt solche Anlagen kaufen, die entsprechend Ihrer ursprünglichen persönlichen Aufteilung derzeit im Gesamtverhältnis unterrepräsentiert sind.

Sparpläne mit physischem Gold

Einige (Online-)Goldhändler, aber auch manche Banken und spezialisierte Unternehmen bieten Sparpläne auf physisches Gold an. Damit werden Anlegerinnen und Anleger angesprochen, die nicht nur in ein – wenn auch mit Gold besichertes – Wertpapier investieren wollen, sondern in „handfestes", „echtes" Gold. Anders als beim Kauf von physischem Gold kommen Anleger bei Gold-Sparplänen aber nicht in den unmittelbaren Besitz des Edelmetalls. Das regelmäßig investierte Geld der Anleger wird vom Sparplananbieter in physisches Gold angelegt und in Tresoren aufbewahrt. Der einzelne Anleger ist entsprechend seiner Einzahlungen anteilig am Goldvermögen beteiligt. Wie diese Beteiligung aussieht, kann unterschiedlich geregelt sein – mit bisweilen erheblichen Auswirkungen.

Entweder wird das Goldvermögen formalrechtlich vom Eigentum des Anbieters getrennt und bildet ein Sondervermögen, wie es beispielsweise auch bei Investmentfonds der Fall ist. Der Anleger ist dann anteilig Eigentümer des Goldvermögens und dieser Anteil gehört ihm auch bei einer Insolvenz des Anbieters.

Bleibt das Gold hingegen im Eigentum des Anbieters und der Anleger hat nur einen Auslieferungsanspruch, gehört das Goldvermögen im Falle einer Insolvenz des Sparplananbieters zur Insolvenzmasse. Andere Gläubiger des Unternehmens können dann vorrangig entschädigt werden und die Sparplananleger müssen sich hinten anstellen. Sparplananleger sollten daher darauf achten, dass das Gold als Sondervermögen ausgewiesen wird.
Weiterhin sollten eine professionelle Tresoranlage und eine Versicherung der Goldbestände ebenso selbstverständlich sein wie eine regelmäßige Überprüfung der Bestände durch einen unabhängigen Wirtschaftsprüfer.

Vor- und Nachteile von Goldsparplänen

Zwei Vorteile der Goldsparpläne liegen auf der Hand: Anleger und Anlegerinnen können bereits mit kleinen Beträgen in Gold investieren und müssen sich nicht weiter um den Kauf kümmern. Wenn der Sparplan eingerichtet ist, kümmert sich der Anbieter um den Kauf und die sichere Verwahrung des Goldes. Goldsparpläne sprechen daher vor allem Kleinanleger an.

Den Service der Sparplananbieter müssen Anleger aber natürlich auch bezahlen, was zu Lasten der Rendite geht. Die Konditionen der Anbieter sind dabei sehr unterschiedlich.

Wenn das Gold ausgeliefert werden soll, fallen meist weitere Kosten an. Überdies gibt es bei den Sparplananbietern auch unterschiedliche Modelle, wie diese in Gold investieren. Es gibt vor allem folgende Varianten:

- **Mit den Sparsummen des Anlegers** werden kleinste Goldbarren erworben. Da das Aufgeld beim Kauf von Goldbarren im Verhältnis zum Materialwert umso höher ausfällt, je kleiner der Barren ist, ist diese Variante für den Anleger besonders teuer.
- **Andere Anbieter** beteiligen Anleger daher entsprechend seiner Anlagesummen am Erwerb großer Goldbarren. Ein Anleger kann dadurch mitunter sogar mehr Gold für seine Anlagesumme erwerben als bei einem alternativen Direkterwerb von Kleinbarren oder Münzen.
- **Eine weitere Variante** besteht darin, dass erst wenn der Anleger über seine regelmäßigen Sparsummen einen ausreichenden Betrag angespart hat, ein

Checkliste

Seriosität von Goldsparplan-Anbietern prüfen

- ☐ **Transparenz:** Meiden Sie Anbieter, die mit ihren Konditionen Versteck spielen. Seriöse Anbieter haben es nicht nötig, Preise und Bedingungen geheim zu halten.
- ☐ **Vertrieb:** Vorsicht bei Anbietern, die Ihnen einen Berater vorbeischicken wollen. Diese sind rhetorisch gut geschult. Es gibt genügend preiswerte Goldsparpläne, bei denen Sie keine Provisionen finanzieren und auch nicht persönlich davon überzeugt werden müssen.
- ☐ **Bindung:** Vermeiden Sie Sparpläne, die eine feste, sehr lange Laufzeit haben. Achten Sie auf die vertraglich festgelegte Kündigungsfrist. Wenn sie deutlich über drei Monate beträgt, sollten Sie besser auf einen anderen Sparplan ausweichen.
- ☐ **Bonus:** Finger weg von Angeboten, die eine regelmäßige Verzinsung versprechen. Da Gold keine Erträge abwirft, muss dieses Geld auf andere Weise, etwa durch Handel mit dem Anlegergold, erwirtschaftet werden. Eine feste Rendite lässt sich dafür in keinem Fall garantieren.
- ☐ **Versprechungen:** Wie sich der Goldpreis in Zukunft entwickeln wird, weiß niemand. Es ist ein Warnsignal, wenn Sparplananbieter sichere Renditen versprechen.

zuvor von ihm gewähltes Goldprodukt für ihn erworben wird.

Manche Anbieter sehen Mindestvertragslaufzeiten oder Kündigungsfristen für den Goldsparplan vor, was sich nachteilig für den Anleger auswirkt.

Letztlich sollten Anleger gut überlegen, ob Sie über Sparpläne in physisches Gold investieren. Sie können eben nicht wie beim Einmalkauf direkt auf das Gold zugreifen und zahlen stattdessen höhere und mitunter undurchsichtige Preise.

Wer nicht in Gold-ETC sparen, sondern echtes Gold besitzen möchte, hat beispielsweise auch die Möglichkeit, auf einem Tagesgeldkonto regelmäßig Geld anzusparen. Sobald eine bestimmte Summe erreicht ist, kann damit physisches Gold gekauft werden.

Vorsicht vor Betrügern

Günstiger als der Marktpreis oder Gold mit Traumrenditen? Hinter solchen Angeboten stecken fast ausnahmslos Betrüger.

Immer wieder werden Fälle bekannt, bei denen Anleger mit Goldanlagen und Goldsparplänen geschädigt wurden. Beim Goldkauf im Internet sollten Anleger und Anlegerinnen daher grundsätzlich eine gewisse Vorsicht walten lassen. Es kommt mitunter vor, dass Betrüger „Fakeshops" ins Netz stellen, die es etwa bei Google-Suchen wie „günstig Gold kaufen" unter die Toptreffer schaffen. Die Internetadressen ähneln stark denen echter Goldshops und die Betrüger setzen darauf, dass potenzielle Käufer nicht genau hinschauen. Wer bei solchen Fakeshops Gold bestellt und vorab überweist, der sieht sein Geld nicht wieder.

Anbieter wie die PIM Gold GmbH oder die Bonus Gold GmbH haben ihren Käufern eine Art Zins für Goldinvestments versprochen. Solche Versprechen sind in fast allen Fällen völlig unseriös. Denn Gold ist zwar werthaltig und krisenfest, im Preis aber stark schwankend. Wenn Gold Erträge abwerfen soll, müssen diese mit anderen, meist spekulativen Geschäften erwirtschaftet oder aber sogar mittels einer Art Schneeballsystem das Geld neu angeworbener Kunden an Bestandskunden ausgezahlt werden.

Der Fall PIM Gold

PIM Gold beispielsweise verkaufte seit 2008 unter verschiedenen Namen das glänzende Edelmetall an Anleger. Allerdings wurde den Kunden nicht wie bei jeder Bank oder jedem Edelmetallhändler Gold zum Marktwert verkauft und ausgehändigt. PIM verlangte rund 30 Prozent über dem Marktpreis für das Gold. Schließlich war ein teures achtstufiges Provisionssystem zu finanzieren. Dafür versprach PIM den Kunden je nach Modell sogar Bonusgold, was wie eine Art Verzinsung den von PIM verwahrten Bestand mehren sollte. Außerdem stellten die PIM-Chefs Rückkäufe unabhängig von der Marktentwicklung in Aussicht und behaupteten, sie könnten durch ihre Handelsgeschäfte Preisrisiken eliminieren. Letztlich verschwand ein Großteil des Goldes, etwa 7000 Anleger verloren viel Geld.

Der Fall Bonus Gold

Ähnlich verhält es sich wohl bei der Bonus Gold aus Köln. Der Anbieter stellte 20 Prozent Rendite pro Jahr in Aussicht. Als Anleger skeptisch wurden und einen Teil, später ihr gesamtes Gold zurückhaben wollten oder gar den Vertrag kündigten, geschah von Seiten der Firma gar nichts. Im November 2021 wurde schließlich ein Insolvenzverfahren eröffnet. Ob Anleger ihr Gold jemals wiedersehen werden, ist derzeit äußerst fraglich.

Betrug auf Auktionsportalen

Auch beim Kauf bei Kleinanzeigen & Co. sollten Sie absolute Vorsicht walten lassen. Dort bieten neben gewerblichen Anbietern auch Privatpersonen Gold an. Mitunter verkaufen sie – bewusst oder unbewusst – Fälschungen bekannter Anlagemünzen und -barren oder täuschen bei den Gewichtseinheiten. So kann die Abkürzung „gr." für „Grain" (eine englische Gewichtseinheit) statt für Gramm stehen. 1 Grain entsprechen aber nur rund 0,065 Gramm. Ein vermeintlich günstiger Goldpreis relativiert sich dann schnell.

So finden Sie vertrauenswürdige Partner

Anlegerinnen und Anleger sollten nur bei seriösen Banken und Goldhändlern Verträge über Goldprodukte abschließen und vollmundige Renditeversprechen auf jeden Fall kritisch hinterfragen – denn der Wert von Gold hängt allein von der Marktpreisentwicklung ab.

Die Warnliste der Stiftung Warentest unter test.de/Warnliste gibt zusätzlich einen Überblick über dubiose, unseriöse oder sehr riskante Geldanlageangebote.

Ebenso bietet die Vergleichsplattform für Goldkäufe gold.de unter „Service" einen Fakeshop-Checker, mit dem Sie durch Eingabe der Internetadresse des Anbieters prüfen können, ob es sich um einen Betrugsshop handelt. Auch bei sämtlichen Goldhändlern, die auf der Internetseite von gold.de gelistet sind, handelt es sich um seriöse Anbieter. Um dort das „Gold.de-zertifiziert"-Siegel zu erhalten, müssen Händler bereits mehrere Jahre am Markt etabliert sein und strenge Anforderungen erfüllen. Ist ein Händler nicht bei gold.de gelistet, kann das unter anderem bedeuten, dass er aktuell noch überprüft wird, sich noch nicht um eine Aufnahme beworben hat oder Informationen vorliegen, die Zweifel an der Seriosität aufkommen lassen. Weitere Voraussetzung einer Listung: Der Goldhändler muss über die nötigen technischen Schnittstellen verfügen, um Preisaktualisierungen automatisiert zu übermitteln.

Wählen Sie von vornherein nur renommierte Anbieter aus, dann haben Sie nichts zu befürchten. Wenn ein Händler Mitglied im Berufsverband des deutschen Münzhandels ist, darf das als gutes Zeichen gewertet werden. Das Logo des Berufsverbandes zeigt einen sitzenden König mit einem Kreuz in der rechten und einem Königsapfel in der linken Hand. Die Information steht auf der Internetseite des Anbieters. Sie kann bei Fakeshops aber auch gefälscht und daher von Laien nur schwer zu erkennen sein. Unter muenzenverband.de/mitgliederliste/ können Sie aber online alle Mitglieder des Berufsverbandes abfragen.

→ Von der Alchemie bis zum Teilchenbeschleuniger

Wenn von künstlicher Goldherstellung die Rede ist, denken viele an die Alchemisten des Mittelalters, also an Chemiker und Scharlatane, die vergeblich versucht haben, aus unedlen Stoffen wie Quecksilber oder Blei Gold herzustellen.

Heutzutage kann Gold tatsächlich künstlich hergestellt werden. Dafür sind allerdings Teilchenbeschleuniger oder Kernreaktoren notwendig. Bei natürlichem Gold enthält ein Goldatom 79 Protonen und 118 Neutronen. Wissenschaftlern ist es unter anderem gelungen, aus Quecksilber, dessen Atome ein Proton mehr enthalten, Goldatome herzustellen.

Eine andere Methode ist, leichte Elemente zu schwereren Goldelementen zu verschmelzen, ein Prozess wie er bei einer Supernova – der Explosion eines Sternes – vorkommt.

Aber Sie merken es bereits: All diese künstlichen Verfahren benötigen eine unglaublich hohe Energiemenge. Die Menge des dabei produzierten Goldes ist winzig, die Kosten dagegen sind sehr hoch. Die künstliche Herstellung von Gold ist also inzwischen möglich, wirtschaftlich ist sie nicht.

Gold wird daher auch zukünftig mühsam durch Bergbau und Recycling gewonnen werden müssen. Schon allein deshalb wird es höchstwahrscheinlich kaum komplett im Preis verfallen.

Weitere Edelmetalle

Nach Edelmetallen gefragt, denken viele zuerst an Gold oder Silber. Aber auch Platin und Palladium sind Edelmetalle, in die Sie physisch und über Wertpapiere investieren können.

Edelmetalle sind nicht einfach edle, also schön anzusehende Metalle. Hinter der Bezeichnung steckt eine Einteilung innerhalb der chemischem Elemente. Zu den klassischen Edelmetallen gehören Gold, Silber, Platin und Palladium. Sie zeichnen sich durch eine enorme Reaktionsarmut aus. Das bedeutet, dass Sie in natürlicher

Umgebung wie Luft oder Wasser nicht reagieren – im Gegensatz etwa zu rostendem Eisen.

Gold ist dabei chemisch noch stabiler als beispielsweise Silber, das mit der Zeit anläuft. Dabei bildet sich eine dünne Schicht von schwarzem Silbersulfid, die aber den Silbergegenstand selbst nicht beschädigt und die durch Polieren wieder entfernt werden kann. Dem einen oder der anderen ist das vielleicht noch geläufig von Omas Silberbesteck.

Gold als Platzhirsch

Gold genießt zweifelsohne die größte Bekanntheit und Beachtung. Ob Sie neben oder gar anstatt Gold in andere Edelmetalle investieren sollten, hängt vor allem von Ihren Investitionszielen, aber auch Ihrer Risikobereitschaft und der aktuellen Marktsituation ab. Was für und gegen die anderen Edelmetalle spricht, erfahren Sie nachfolgend.

Silber

Silber ist ein wichtiger Werkstoff in der Industrie, zum Beispiel in der Elektronik-, Solar- und Medizinindustrie. Rund 10 Prozent der jährlichen Silberproduktion wird mittlerweile in Photovoltaikanlagen verwendet. Dies ist auch ein Grund, warum Silber konjunkturabhängiger als Gold ist und seine Preise deutlicher schwanken.

Für Investoren, die aktiver handeln und von der größeren Schwankungsbreite (Volatilität) des Silberpreises profitieren wollen, bieten sich dadurch höhere Renditechancen, aber natürlich auch Verlustrisiken.

Silber ist wie Gold weltweit bekannt und anerkannt. Bekannte Silberanlagemünzen (wie der American Eagle, der Wiener Philharmoniker, der Maple Leaf oder der mexikanische Libertad) können daher ebenso wie Goldanlagemünzen jederzeit bei Edelmetallhändlern zu aktuellen Marktpreisen verkauft werden.

Silbermünzen werden vor allem in den Stückelungen ½ Unze, 1 Unze, 2 Unzen, 5 Unzen, 10 Unzen, 1 Kilogramm und 10 Kilogramm angeboten und weisen in der Regel eine Feinheit von 999/1000 auf.

Ende Juni 2023 kostete eine Unze Silber rund 20,90 Euro, Gold rund 1750 Euro. Für Anleger, die kleine Edelmetallstückelungen als Krisentauschmittel suchen, könnte sich Silber daher besser eignen als Gold. Allerdings ist das Aufgeld beim Silberkauf oftmals deutlich höher als beim Goldkauf.

Bei größeren Anlagesummen bekommen Silberinvestoren eher Lagerprobleme als Goldanleger. Aufgrund des wesentlich geringeren Wertes im Verhältnis zu Größe und Gewicht benötigen Silberinvestoren deutlich größere Schließfächer.

Platin und Palladium

Platin ist seltener und schwerer als Gold und Silber und wird in viel geringeren Mengen gewonnen. Es wird zur Schmuckherstellung sowie in der Chemie- und Elektroin-

Überraschungssieger Palladium

In den letzten zehn Jahren machten Anlegerinnen und Anleger nur mit zwei Edelmetallen einen Schnitt: Gold und Palladium, wobei Letzteres zwar das Gold bei Weitem in den Schatten stellte, aber als Industriemetall eigentlich ein Rohstoffinvestment darstellt und deutlich stärker im Preis schwankt. Silber und Platin enttäuschten auf ganzer Linie.

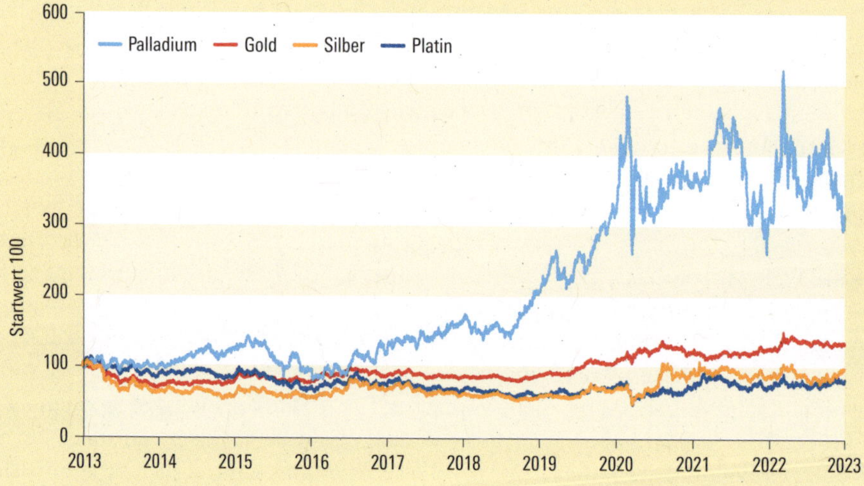

Quelle: Refinitiv Stand: 1. Januar 2023

dustrie genutzt. Insbesondere bei Dieselmotoren wird es in der Katalysatortechnik verwendet.

Das silberweiß glänzende Palladium ist ebenfalls sehr selten, kommt aber häufiger vor als Gold und Platin. Rund 90 Prozent des weltweiten Palladiumabbaus kommen aus Südafrika, Russland und Simbabwe. Die chemischen Eigenschaften von Palladium sind ähnlich wie die von Platin.

Da die Industrie der mit Abstand größte Platin- und Palladium-Nachfrager ist, sind konjunkturelle und technologische Entwicklungen Hauptfaktoren für deren Preise. Diese schwanken daher in der Regel deutlich stärker als der Goldpreis.

Trotz ihres hohen Eigenwertes konnten sich Platin und Palladium bisher nicht als Reserve für Krisenzeiten gegenüber Gold und Silber durchsetzen. Anleger, die diese

Edelmetalle dennoch dafür nutzen wollen, finden bei Edelmetallhändlern Münzen und Barren.

Für Anlegerinnen und Anleger, die Platin oder Palladium als Wertpapiere kaufen wollen, werden wie bei Gold ETC (Exchange Trade Commodities) und Zertifikate angeboten.

Vorteil Gold: Mehrwertsteuerfreiheit

Beim Kauf von Silber, Platin und Palladium wird im Gegensatz zu Gold der volle Mehrwertsteuersatz von 19 Prozent fällig. Anlegerinnen und Anleger, die auf Wertsteigerungen setzen, sollten daher bei den erstgenannten Edelmetallen bereit sein, diese längerfristig zu halten, um den Aufschlag zu kompensieren.

Seit Anfang 2023 können Händler die Differenzbesteuerung nur noch unter bestimmten Voraussetzungen bei Sammlermünzen oder bei Ware, die sie zuvor von einer Privatperson angekauft haben und dann weiterverkaufen, anwenden. Die Differenzbesteuerung ermöglichte dabei bis Ende 2022, dass gängige Anlage-Silbermünzen aus Nicht-EU-Ländern nur mit 7 Prozent Umsatzsteuer beim Kauf belastet wurden.

Um die Mehrwertsteuerbelastung bei Silber, Platin und Palladium zu vermeiden, bewahren manche Anlegerinnen und Anleger ihre Edelmetalle nicht zu Hause auf, sondern in sogenannten Zollfreilagern, vor allem in der Schweiz. Das sind Warenlager in einer Hochsicherheitsanlage, in der wertvolle Güter unversteuert und unverzollt gelagert werden.

Werden die Edelmetalle oder andere Gegenstände aus dem Zollfreilager entnommen, muss die Mehrwertsteuer allerdings nachentrichtet werden.

Für alle physischen Edelmetalle gilt aber zumindest, dass ein Veräußerungsgewinn einkommenssteuerfrei bleibt, wenn der Verkauf nach einer Haltefrist von mindestens einem Jahr erfolgt.

504
505
506
507
508
509
510
511
512
513
514
515
516
517
518
519
520
521
522
523
524
525
526
527
528
529
530
531
532
533
534
535
536
537
538
539

Lagerung und Verkauf

Physisches Gold muss sicher aufbewahrt werden. Welche Möglichkeiten es dafür gibt und wie Sie es bei Bedarf auch wieder veräußern können, erfahren Sie in diesem Kapitel.

Dagobert Duck aus Entenhausen, die legendäre Comicfigur, ist sicher jedem ein Begriff. Hauptquartier und sicherster Ort für sein Vermögen ist sein Geldspeicher, ein riesiges Gebäude voller Gold- und Geldstücke. Zu seinen Sicherheitsvorkehrungen zählen nicht nur schwere Türen, Überwachungskameras und Alarmanlagen, sondern auch kuriose Fallen wie etwa eine riesige Fliegenklatsche oder ein Wassergraben voller Krokodile. Die Realität der Goldaufbewahrung dagegen ist weit weniger kompliziert und fintenreich – gewisse Schutzvorkehrungen sollten Sie dennoch einhalten.

Auch wie Sie Ihre Goldanlagen am besten verkaufen können, erfahren Sie in diesem Kapitel. Dies unterscheidet sich je nach der Art, wie Sie Ihr Gold besitzen: physisch – in unterschiedlichen Barren- und Münzgrößen oder als Altgold –, als Gold-ETC oder etwa Gold-Fonds.

Physisches Gold richtig lagern

Nicht jeder benötigt Hochsicherheitsanlagen wie Fort Knox für sein physisches Gold. Dennoch sollten Sie gewisse Sicherheitsstandards bei der Aufbewahrung Ihres Edelmetalls einhalten.

Wenn Sie Gold, andere Wertgegenstände und wichtige Originaldokumente sicher aufbewahren möchten, gibt es grundsätzlich drei Möglichkeiten: ein Bankschließfach, einen Tresor oder ein Schließfach bei einem bankenunabhängigen Anbieter oder einen Tresor zu Hause.

Wer Wertgegenstände und wichtige Unterlagen in einem Schließfach aufbewahrt, schützt sich vor Diebstahl, vor Wasserschäden oder einem Brand in der eigenen Wohnung. Auch im Vergleich zu einem Tresor innerhalb der eigenen vier Wände bietet das externe Schließfach mehr Vorteile.

Der Klassiker: das Bankschließfach

Laut Angaben des Bundeskriminalamtes kam es im Jahr 2022 zu rund 105 000 Diebstahlsdelikten in Wohnungen und es gab rund 66 000 Wohnungseinbrüche. Die Aufbewahrung wertvoller Dinge zu Hause ist deshalb riskant. In einem externen Schließfach können Sie Goldbarren und -münzen sowie Familienschmuck vor Diebstahl schützen, ebenso wie vor Brand- und Wasserschäden im eigenen Zuhause. Feuer und Wasser können überdies auch wichtige Dokumente wie Zeugnisse und Stammbücher zerstören, was ebenfalls für ein Bankschließfach spricht.

Allerdings ist es schon seit einiger Zeit zunehmend problematisch für Anlegerinnen und Anleger, überhaupt ein Bankschließfach anmieten zu können. Auch wenn genaue Zahlen fehlen, gibt es offenbar immer weniger Schließfächer in Deutschland. Ein Hauptgrund dafür dürfte sein, dass Banken immer mehr Filialen schließen. So ist die Zahl der Bankfilialen laut Angaben des Bankenverbandes zwischen 2004 und 2020 um 33 Prozent zurückgegangen: von 35760 auf 24100, mit fortlaufender Tendenz. Das dürfte das Angebot an Bankschließfächern weiter verknappen. Hinzu kamen die vor allem in den Jahren 2020 bis 2022 erhobenen Negativzinsen, die Banken ihren Kunden in Rechnung stellten, wenn diese auf ihren Giro- und Tagesgeldkonten höhere Beträge liegen hatten. Dann konnte es für manchen Bankkunden sinnvoller sein, Bargeld in einem Schließfach zu deponieren. Entsprechend heiß begehrt waren Schließfächer. Mit der Rückkehr der Zinsen könnte sich die Lage zumindest von dieser Seite her entspannen. Einige Banken ziehen sich auch aus wirtschaftlichen Gründen aus dem Schließfachgeschäft zurück oder haben – wie Direktbanken – gar kein Filialbanknetz.

Viele Banken vermieten Schließfächer nur an eigene Kunden. Doch selbst wenn Sie Kunde einer Filialbank mit Schließfächern sind, heißt das nicht unbedingt, dass Sie auch eines bekommen. Denn nicht bei jeder Bank sind noch Fächer frei. Wenn alle Schließfächer belegt sind, können Sie sich in der Regel auf eine Warteliste setzen lassen. Je nach Region gibt es aber möglicherweise auch ein Schließfach in einer anderen Filiale der jeweiligen Bank.

Haben Sie das Glück, ein Schließfach bei einer oder gar mehreren Banken mieten zu können, ist ein Termin vor Ort bei der betreffenden Bank erforderlich. Erkundigen Sie sich vorab, welche Unterlagen für die Eröffnung des Schließfaches benötigt werden und welche Preise die Bank dafür verlangt. Die Preise unterscheiden sich bei verschiedenen Banken mitunter deutlich. Für die Jahresmiete eines kleinen Schließfaches, in das eine Dokumentenmappe der Größe Din A4 passt, verlangen Banken nach einer Untersuchung der Stiftung Warentest vom November 2021 zwischen 31 und 120 Euro (test.de, „Schließfach"). Im Mietvertrag mit der Bank werden dann Schrankfachnummer, Mietdauer, der Preis und gegebenenfalls die Versicherungsmodalitäten festgehalten. Der Zugang zum Bankschließfach ist von Bank zu Bank unterschiedlich. Meist müssen Sie oder eine von Ihnen bevollmächtigte Vertrauensperson sich als Mieter ausweisen und werden dann von einem Bankmitarbeiter in den Tresorraum begleitet. In manchen Bankhäusern sind auch voll- oder halbelektronische Anlagen installiert und man erhält mit einer Bankkarte Zugang und Zugriff auf den Inhalt seines Schließfaches. Der Inhalt desselben ist der Bank nicht bekannt, dieses Wissen ist Ihnen exklusiv vorbehalten. Die Bank hat überdies keine Möglichkeit, Ihr Fach allein zu öffnen oder einzusehen.

Alternative Schließfachanbieter drängen in den Markt

In die immer größer werdende Lücke des sinkenden Angebots an Bankschließfächern stoßen mittlerweile neue private Anbieter. Diese setzen vermehrt auf teure Technik, denn in dieser neuen Welt der Tresore gilt: Sicherheit ist Trumpf. Die Firmen buhlen auf vielfältige Weise um Kunden: mit Hochsicherheitstrakten, biometrischer Software oder sogar Schutzgräben, die im Falle eines Angriffs in Sekunden geflutet werden können. Die Anlagen der neuen Anbieter mit oft Tausenden Schließfächern sind vor allem in Großstädten wie Berlin, München oder Hamburg angesiedelt. Das Prozedere der Anmietung eines Schließfaches unterscheidet sich mitunter deutlich von dem bei Banken.

Die Anmeldung erfolgt beispielsweise bei dem Anbieter Asservato auf dessen Internetseite oder per Smartphone über eine eigene App. Interessenten identifizieren sich durch ein Online- oder Postident-Verfahren und bekommen anschließend eine Chipkarte zugeschickt. Mit dieser wird ihnen Zugang zu dem Gebäude und ihrem Schließfach gewährt. Für die Karte muss bei der ersten Nutzung sowohl eine persönliche Geheimnummer (PIN) als auch ein Fingerabdruck hinterlegt werden. Die Karte gibt dann den Eintritt in eine private Kabine frei. Chipkarte, PIN und Fingerabdruck lösen das Signal für einen Roboter aus. Aus einem für Kunden nicht sichtbaren Tresorraum holt dieser dann aus einem Regal mit Hunderten Boxen die angeforderte Kassette und fährt sie in die Kabine zum Kundenterminal.

Die alternativen Schließfachanbieter sind meist teurer als Kreditinstitute. Manchmal müssen Kunden bis zu viermal so viel zahlen wie bei Banken.

Wer Wert auf Anonymität legt, ist bei den alternativen Anbietern im Vorteil. Bei vielen können Kunden die Miete bar zahlen, bei Banken nur sehr selten. Beim Tod eines Schließfachinhabers sind Banken verpflichtet, dem zuständigen Finanzamt für die Erbschaftssteuer mitzuteilen, dass ein Schließfach vorhanden war. Die alternativen Anbieter machen eine solche Meldung überwiegend nicht.

Versicherungsschutz für Schließfächer

Sowohl für Schließfächer in Banken als auch bei privaten Anbietern spielt der Versicherungsschutz eine gewichtige Rolle. Grundsätzlich gilt: Verschulden eine Bank oder ein privater Anbieter einen Verlust des Schließfachinhalts, haften sie in unbegrenzter Höhe. Denn in Haftpflichtfällen gibt es im deutschen Recht keine betragsmäßige Begrenzung. Lediglich bei leichter Fahrlässigkeit ist eine Haftungsbegrenzung möglich, wenn sie bei Anmietung des Schließfa-

Schließfachpreise: Im Test der Stiftung Warentest kostete das teuerste Modellschließfach 416 Euro plus 79 Euro Einrichtungsgebühr, wenn der Vertrag nur für ein Jahr geschlossen wird. Die Preise der privaten Schließfachanbieter sind aber nicht eins zu eins vergleichbar, da sie teilweise besondere Schutzkonzepte bieten, für die deren Kunden auch bereit sind, den hohen Preis zu zahlen (test.de, „Schließfächer").

ches vertraglich vereinbart wurde. Der eine oder andere Anbieter begrenzt seine Haftung dementsprechend auf festgesetzte Höchstsummen.

Daneben greift bei den meisten Banken und allen alternativen Anbietern eine Schließfachversicherung für den Fall eines Diebstahls, Brandes oder einer Überschwemmung. Diese Versicherung ist eine zusätzliche Absicherung und macht es den Kunden bei einer unklaren Rechtslage einfacher. Sie können sich den Schaden von der Versicherung ersetzen lassen, und diese wiederum kann die Bank oder den privaten Anbieter in Regress nehmen. Deshalb ist eine eigene Deckung grundsätzlich zu empfehlen. Hat der Schließfachanbieter keine Versicherung im Basispaket oder ist die Versicherungssumme zu niedrig, kann die Mieterin oder der Mieter entweder gegen einen Aufpreis einen zusätzlichen Schutz abschließen oder den Schließfachinhalt über die eigene Hausratversicherung mitversichern. Hier lohnt es sich, einen Blick in die Unterlagen zur Hausratversicherung zu werfen oder den Versicherer anzusprechen, um zu klären, inwieweit das Schließfach im Rahmen der sogenannten Außenversicherung abgedeckt ist.

Bargeld im Schließfach ist erlaubt, aber bei einigen Banken und alternativen Anbietern jedoch nicht mit dem Mietpreis versichert. Zum Teil kann dafür ebenfalls eine zusätzliche Versicherung abgeschlossen werden.

Da grundsätzlich nur Sie als Mieter den Inhalt des Schließfaches kennen, ist es wichtig, diesen im Schadensfall nachweisen zu können. Dazu eignen sich Bestandslisten, Fotos und Expertisen von Wertgegenständen sowie Kopien wichtiger Dokumente. Wenn Sie Gold und Schmuck in Ihrem Fach aufbewahren, sollten Sie diese fotografieren und Kaufbelege aufheben. Neben diesen Urkundenbeweisen sind auch Zeugenbeweise möglich. Wichtig ist letztlich, dass Sie glaubhaft machen können, dass Ihnen der jeweilige Gegenstand wirklich gehörte und dieser sich in Ihrem Schließfach befunden hat.

Gold zu Hause sicher aufbewahren: Versicherung statt Tresor?

Vor der Anschaffung eines teuren Tresors stellen sich manche Anlegerinnen und Anleger die Frage, ob es nicht ausreicht, in der Wohnung gelagertes Gold über die Hausratversicherung gegen Diebstahl, Brand oder Überschwemmung abzusichern. Viele Hausratversicherungen umfassen auch Wertsachen und erstatten im Versicherungsfall Schäden bis zu einem bestimmten Prozentsatz der Versicherungssumme.

Dabei bestehen verschiedene Kategorien von Wertsachen, wie beispielsweise Schmuck, Edelmetalle oder Kunstgegenstände. Jede Wertsachenkategorie wiederum besitzt für jeden Versicherungsfall eine eigene pauschale Entschädigungsgrenze, die in den Versicherungsbedingungen vermerkt ist.

Viele Hausratversicherungstarife decken Edelmetalle mit 20 oder 25 Prozent der Versicherungssumme, in der Regel aber mit maximal 20 000 Euro ab. Voraussetzung ist oft, dass diese in einem zertifizierten Tresor aufbewahrt wurden. Dann ist die Hausratversicherung keine Alternative zum Tresor. Bei manchen Versicherungen ist es zumindest möglich, Gold auch ohne Tresor bis zu bestimmten Wertgrenzen mitzuversichern.

Aufbewahrung im Tresor

Wenn Sie Goldbarren, Münzen oder Goldschmuck zu Hause sicher aufbewahren wollen, kommen Sie um einen Tresor nicht herum.

Bei kleinen Heim- und Möbeltresoren sollten Sie nicht am Preis sparen. Billige (und damit leichte) Modelle lassen sich meist schnell knacken oder zumindest entwenden und dann in Ruhe öffnen. Nach Erfahrungen der Polizei nehmen Wohnungseinbrecher die meisten Tresore mit. Deutlich weniger Safes versuchen sie vor Ort aufzubrechen.

Deshalb ist eine gute Wandmontagemöglichkeit ein erstes wichtiges Sicherheitskriterium. Ordentliche Stahlblechtresore tragen das Label S2 nach der europäischen Norm DIN EN 14450 und sind von unabhängigen Institutionen wie dem VdS (Verband der Sachversicherer) oder ECB-S (European Certification Body) zertifiziert.

Wer Dinge im Wert von mehr als 30 000 Euro aufbewahren will, sollte über diese Safe-Klasse hinausgehen und sogenannte Wertschutzschränke mit einem zertifizierten Widerstandsgrad wählen.

Widerstandsfähigere Tresormodelle haben einen zweischaligen Wandaufbau und stabile Türen. Leichte, einwandige Tresore sind dagegen leicht zu knacken.

Ob der Tresor mit einem Schlüssel oder einem Zahlencode zu öffnen ist, ist letztlich eine Sache der Vorliebe des Eigentümers. Allerdings haben Schlüsseltresore den Nachteil, dass sie Einbrecher dazu animieren, nach dem Schlüssel zu suchen – was häufig Verwüstungen in der Wohnung zur Folge hat.

Eine Frage von Gewicht und Größe

Neben dem Preis ist auch das Gewicht des Tresors ein Qualitätsmerkmal. Aufbruchsichere Tresore wiegen 27 bis 56 Kilogramm. Wertschutzschränke können hingegen zwischen 300 und bis zu 800 Kilogramm schwer sein.

Allerdings kann ein guter kleiner Tresor besser versteckt montiert werden, wohingegen ein massiver Wertschutzschrank in den meisten Fällen sichtbar bleiben wird.

→ Diebstahl der Riesenmünze Big Maple Leaf

In der Nacht zum 27. März 2017 wurde die 100 Kilogramm schwere Goldmünze Big Maple Leaf aus einer Vitrine des Berliner Bode-Museums gestohlen. Die Diebe waren durch ein Fenster eingestiegen und konnten die Münze mit Rollbrett und Schubkarre über die S-Bahngleise abtransportieren und in einem Auto wegschaffen.

Überwachungskameras im S-Bahnhof haben die Männer am Abend des Einbruchs gefilmt. Anhand von Indizien wurden diese dann überführt. So fanden sich beispielsweise Goldspäne, die sich eindeutig der Münze zuordnen ließen, auf der Kleidung eines Angeklagten. Bei einem anderen Angeklagten wurden Glassplitter der Museumsvitrine nachgewiesen. An einem Seil, das die Täter zurückgelassen hatten, konnte DNA eines Angeklagten gefunden werden. Vom Wachmann des Museums, der das einzige nicht alarmgesicherte Fenster für seine Komplizen offen gelassen hatte, konnten ebenfalls DNA-Spuren am Fenster gesichert werden.

Der private Eigentümer der Big Maple Leaf, die er dem Museum als Leihgabe zur Verfügung gestellt hatte, erhielt von seiner Versicherung nur 50 Prozent des Versicherungswertes von 4,2 Millionen Euro erstattet. Das Gericht, bei dem er gegen die Versicherung geklagt hatte, argumentierte, die Sicherheitsmaßnahmen im Museum seien vernachlässigt worden. So sei die elektronische Überwachung des bei dem Einbruch benutzten Fensters seit Längerem defekt gewesen, was zu einer Erhöhung des Risikos geführt habe, das sich auch der Eigentümer der Goldmünze zurechnen lassen müsse.

Gold verkaufen

Der Verkauf von Standard-Anlagemünzen und -barren ist bei den meisten Goldhändlern jederzeit möglich. Bei Altgold und Schmuck müssen Sie aufpassen, nicht unter Wert zu verkaufen.

Abhängig davon, in welcher Form Sie Gold besitzen und dieses verkaufen wollen, gibt es dafür unterschiedliche Wege. Zu unterscheiden sind Goldmünzen und -barren, Altgold sowie Wertpapiere auf Gold.

Preise prüfen und vergleichen

Bei Anlegerinnen und Anlegern bekannte und beliebte Goldmünzen und -barren für eine Geldanlage stellen in den meisten Fällen standardisierte Produkte dar. Das hat beim Verkauf den Vorteil, dass deren Preise vorab transparent ermittelbar und vergleichbar sind.

Zu den gängigen Anlagemünzen (auch unter der Bezeichnung Bullionmünzen geläufig) gehören beispielsweise der Wiener Philharmoniker, der Krügerrand, der Maple Leaf oder der American Eagle. Zu diesen zeigen die Goldhändler und Goldplattformen im Internet im Normalfall tagesaktuelle oder auch mehrfach täglich aktualisierte Preise an. Die Preise, zu denen die Goldhändler die Anlagemünzen von Ihnen kaufen würden, werden von diesen Ankaufpreise genannt.

Wenn Sie in den Onlineshops der Goldhändler eine Anlagemünze auswählen, sehen Sie, dass die „Kaufen"-Preise (das sind die Preise, die Sie beim Kauf vom Goldhändler zahlen müssten) und die „Verkaufen"-Preise (die Preise, zu denen der Goldhändler von Ihnen kaufen würde), teilweise mehrere Prozentpunkte auseinanderliegen. Diesen Unterschied bezeichnet man als „Spread" – die Marge des Händlers.

Transport: Versand oder Abholung

Sie können Ihr Gold vom Händler meist abholen lassen. Dazu sendet dieser Ihnen in der Regel Verpackungsmaterial zu und beauftragt ein Logistikunternehmen mit der Abholung des Edelmetalls bei Ihnen. Dabei wird die Abholung gegen Diebstahl und Verlust versichert.

Sie können Ihr Gold auch auf eigenes Risiko an den Händler senden. Das sollten Sie aber nur in Ausnahmefällen und bei kleineren Mengen tun.

Der Versand sollte durch das Logistikunternehmen versichert sein, wie es beispielsweise bei DHL bis zu einem Wert von 500 Euro möglich ist.

Auszahlung erst nach Prüfung des Goldes

Den Gegenwert des Goldes bekommen Sie nach Prüfung der Ware durch den Käufer überwiesen. Allein durch das Anklicken eines „Verkaufen"-Buttons im Onlineshop des Goldhändlers kommt noch kein Kaufvertrag zwischen Ihnen und dem Händler zustande.

Vielmehr geben Sie ein Verkaufsangebot dem Händler gegenüber ab, ihm die eingereichte Ware am Tag der Bewertung zu verkaufen. Die angegebenen Preise in den Onlineshops sind oft mit einem Sternchen als „freibleibend" gekennzeichnet. Denn natürlich will der Händler den von ihm ausgewiesenen Ankaufspreis nur zahlen, wenn die Ware, die er von Ihnen erhält, in ordentlichem Zustand und echt ist.

Bei Anlagemünzen ist das in der Regel leicht zu prüfen. Hier wird nur unterschieden, ob die Münze noch handelsfähig ist, sie also vom Goldhändler weiterverkauft werden könnte. Anlagemünzen sind grundsätzlich handelbar, wenn sie keine unakzeptablen Randbeschädigungen, keine gravierenden optischen Beeinträchtigungen und Kratzer haben und wenn natürlich Maße, Gewicht und Feingehalt stimmen. Fingerabdrücke und kleine Kratzer oder Berührungsspuren werden vom Ankäufer in der Regel toleriert.

Natürlich können Sie das Gold auch in einer Filiale des Händlers abgeben, dann ist – nach Prüfung der Anlagemünzen – auch eine Barauszahlung möglich.

→ Ein anonymer Verkauf ist nicht möglich

Gewerbliche Unternehmer müssen nach Paragraf 143 Abgabenordnung ihren Wareneingang gesondert aufzeichnen. Aufzuzeichnen sind unter anderem alle Waren und Rohstoffe, die der Unternehmer im Rahmen seines Gewerbebetriebs zur Weiterveräußerung ersteht. Dabei müssen die Aufzeichnungen neben dem Tag des Wareneingangs auch den Namen und die Anschrift des Lieferanten beinhalten. Ein anonymes „Tafelgeschäft" ist privaten Anlegern beim Verkauf – anders als beim Kauf bis 1999,99 Euro – also nicht möglich. Den Kauf oder die Herkunft Ihres Goldes müssen Sie dem Edelmetallhändler nicht nachweisen. Sie können also auch geerbtes und geschenktes Gold verkaufen, wenn Sie nicht wissen oder nachweisen können, woher die Erblasserin oder der Schenker dies hatte. Nur bei einem Verdacht auf Geldwäsche muss der Händler dies der Zentralstelle für Finanztransaktionsuntersuchungen melden. Verkaufen Sie Gold an eine Bank, muss diese hingegen auch Kaufnachweise verlangen.

Goldbarren verkaufen

Der Verkauf von Goldbarren läuft ähnlich ab wie der von Anlagemünzen. Wenn der Goldhändler die gleiche Barrensorte im Angebot hat, wie die zum Verkauf stehende, können Sie auf der Seite seines Onlineshops auf „Verkauf" klicken und Ihren Barren in den Warenkorb des Shops legen. Nach Versand und Prüfung der Ware erhalten Sie den Verkaufserlös. Besitzen Sie Barren eines Herstellers, der am London Bullion Market als Hersteller mit „Good Delivery"-Standard zugelassen ist, sind diese normalerweise problemlos wieder verkäuflich, auch wenn es sich um kleine Barren handelt. Den Hersteller erkennen Sie am Prägestempel auf dem Barren.

Bekannte und LMBA-zertifizierte Hersteller von Goldbarren sind zum Beispiel:

- **Heraeus**
- **Heimerle + Meule**
- **Valcambi**
- **C. Hafner**
- **Umicore**
- **Perth Mint**
- **Agosi**
- **Nadir**
- **Royal Canadian Mint**
- **Metalor**
- **PAMP**
- **Rand Refinery**
- **Argor-Heraeus**

Die Angaben auf einem Goldbarren

Auf einem Goldbarren sind alle wichtigen Informationen eingeprägt. Mit ihrer Hilfe können Sie den Gegenwert des Barren feststellen.

Aber auch, wenn ein Goldhändler Ihre Goldbarren nicht im Angebot hat, können Sie diese an ihn verkaufen. Das Prozedere ist dann wie beim nachfolgend beschriebenen Altgoldankauf.

So verkaufen Sie Altgold

Vielleicht besitzen Sie aus einer Erbschaft Goldschmuck, den Sie verkaufen wollen oder im Rahmen der Beendigung einer Erbengemeinschaft „flüssig" machen müssen. Oder Ihnen gehören Goldmünzen und -barren, die keine Anlagemünzen sind und somit nicht zum Standardangebot eines Goldhändlers gehören. Auch dieses Gold sowie beispielsweise Zahngold, Essbesteck oder Uhren können Sie ebenfalls bei Goldhändlern verkaufen. Stücke, die vom Händler nicht einfach weiterverkauft werden können, werden eingeschmolzen und recycelt. Hierbei spricht man daher von „Altgold". Bei diesem bestimmt sich der Wert nach dem enthaltenen Materialwert, der sich wiederum am aktuellen Goldpreis orientieren sollte.

Bei der Bemessung des Wertes Ihres Altgoldes kommt es auf den Feingehalt und das Gewicht an. Schmuck und Uhren tragen oft einen Feingehaltsstempel (sogenannte Punze) auf der Innenseite, der den Feingehalt angibt. Eine Punze ist übrigens ein Metallbolzen, an dessen Ende das Stempelzeichen angebracht ist, mit dem der Prägestempel eingehämmert wird. Da der Feingehalt in der Regel zwischen 333 und 999 liegt, sollten Sie nach einer entsprechenden dreistelligen Zahl suchen. Weist Ihr Altgold keine Gravur auf, müssen Sie sich an einen Juwelier, einen Edelmetallhändler oder eine Scheideanstalt wenden, die den Feingehalt mittels spezieller Verfahren bestimmen können.

Das Gewicht Ihres „Goldstückes" sollten Sie dann mit einer möglichst genauen Waage – zum Beispiel einer Feinwaage – bestimmen. Da die Onlinehändler einen Risikoabschlag für Wiegeungenauigkeiten und Abschmelzkosten einkalkulieren, werden Sie zwar nicht den vollen Materialwert erzielen, dieser hilft Ihnen aber einzuschätzen, ob das Angebot eines Händlers angemessen und seriös ist.

Viele Goldhändler im Internet bieten auch Rechner an, über die Sie mit den beiden Werten Gewicht und Feingehalt errechnen können, welchen Preis Ihnen der Händler – vorbehaltlich seiner abschließenden Prüfung – für Ihr Gold zahlen würde.

Beispiel: Wertbestimmung eines Goldschmucks

Eine Erbin will ein geerbtes Goldschmuckstück verkaufen, das 20 Gramm wiegt und einen Reinheitsgrad von 585 aufweist. Am 23.1.2023 steht der Goldpreis je Unze (31,1 Gramm) bei 1767 Euro. Das bedeutet, der aktuelle Goldpreis pro Gramm beträgt 56,82 Euro (1767 / 31,1). Bei einem Goldanteil von 585/1000 heißt das, dass der Materialwert des Schmuckstückes 20 Gramm × 56,82

Euro × 0,585 = 664,80 Euro beträgt. Ein Onlinehändler würde für 33,08 Euro je Gramm, also hier für 661,60 Euro ankaufen. Das bedeutet, dass dieser Händler einen rund 5-prozentigen Sicherheitsabschlag (661,60 / 664,80 = 0,95) einpreist.

Sie sollten die angebotenen Preise mehrerer Händler vergleichen, bevor Sie sich für einen entscheiden. Überdies sollten Sie Ihr Gold nur einem seriösen Goldankäufer anvertrauen. Diese erkennen Sie vor allem an einer transparenten Preisbestimmung, die sich immer am aktuellen Goldpreis orientiert. Unter gold.de/haendler/ finden Sie eine Übersicht seriöser Goldankäufer.

Auch beim Altgoldverkauf kommt ein Kaufvertrag mit dem Händler erst zustande, wenn dieser die Ware erhalten und geprüft hat. Seriöse Goldhändler zeichnen die Öffnung des zugesandten Pakets mit Ihrem Gold und das anschließende Wiegen der Ware auf Video auf. Damit wird sichergestellt, dass der Händler nicht heimlich Teile der Lieferung beiseiteschafft. Weicht das Gewicht des zugesandten Goldes merklich von Ihrer Messung ab, die Sie zuvor auf einem Einreichungsformular vermerken müssen, wird der Händler Ihr Verkaufsangebot (zunächst) nicht annehmen. Vielmehr werden Sie meist aufgefordert, der per Video dokumentierten Messung des Händlers zuzustimmen. Erst danach wird der Händler den Vertrag annehmen – sofern Ihre Angaben zum Feingehalt stimmen. Da das von Ihnen eingereichte Gold eingeschmolzen wird, sind Gebrauchsspuren für die Bewertung hingegen grundsätzlich nicht relevant.

So verkaufen Sie Sammlermünzen

Der Verkauf von Sammlermünzen erfordert ein individuelleres Vorgehen als beim Verkauf von Anlagemünzen oder Altgold. Denn bei Sammlermünzen kann der Wert auch über dem reinen Edelmetallwert liegen. In seltenen Fällen kann auch aus einer Anlagemünze eine Sammlermünze werden, zum Beispiel bei besonderen Motiven und seltenen Jahrgängen.

Wenn Sie sich nicht damit auskennen, sollten Sie einen Experten hinzuziehen, wenn Sie Sammlermünzen verkaufen wol-

Vorsicht bei der Reinigung von Münzen Wenn Sie Münzen putzen, kann dies winzige Kratzer verursachen, die den Wert erheblich mindern. Selbst ein weiches Tuch ist ungeeignet. Auch Grünspan, der durch eine chemische Reaktion des Metalls mit Weichmachern in Plastiktüten entstehen kann, entfernen am besten Profis.

len, oder einen numismatischen Fachhandel aufsuchen. Der Händler sollte Mitglied im Berufsverband des Deutschen Münzenfachhandels oder im Verband der Deutschen Münzenhändler sein. Durch die Mitgliedschaft ist eine gewisse Seriosität gesichert. Mitunter bewerten solche Händler die Münzen auch anhand eingeschickter Fotos. Auch kann es sinnvoll sein, zwei oder drei Angebote einzuholen.

Wollen Sie selbst tiefer in das Thema einsteigen und recherchieren, können Sie in Katalogen wie dem „Jaeger" oder „Michel" fündig werden. Diese bilden jedoch nur die deutschen Münzen seit 1871 ab. Über Abbildungen und geschichtliches Wissen hinaus enthalten diese regelmäßig aktualisierten Bücher Preisbewertungen, die allerdings nicht zwingend den Marktpreisen entsprechen. Zeitschriften wie „Münzen & Sammeln" oder „MünzenRevue" veröffentlichen Themen zu verschiedenen Sammelgebieten. Numismatiker-Vereine veranstalten regelmäßig Münzbörsen, also Messen, auf denen viele Sammler zusammenkommen. Eine Übersicht zu Vereinen und Veranstaltungen ist etwa auf der Website der Deutschen Numismatischen Gesellschaft unter dng-nnb.de zu finden.

Zahlreiche Universitäten und Museen haben sich zusammengeschlossen und zeigen ihre Münzsammlungen unter numid.online im Internet. Filter für unterschiedliche Kriterien wie Fundstätten und Alter stehen zur Verfügung.

Der Wert einer Sammlermünze hängt vor allem von ihrer Häufigkeit, der Anzahl der Sammler auf dem Gebiet und dem Erhaltungsgrad ab. Die niedrigste, für Sammler akzeptable Einstufung beim Zustand der Münze lautet ironischerweise „schön" und bedeutet: Die Münze weist deutliche Abnutzungserscheinungen und Kratzer auf. Den umgekehrt höchsten Erhaltungsgrad nennen die Profis „Stempelglanz". Wurde ein spezielles Prägeverfahren angewendet, spricht man auch von „Spiegelglanz" oder „polierter Platte".

Bei Münzen mit einem Wert ab etwa 200 Euro kann es sich lohnen, diese zu versteigern. Viele Münzhandlungen und auf Münzen spezialisierte Auktionshäuser veranstalten regelmäßig Auktionen. Bei diesen lässt sich der beste Preis erzielen und sicherstellen, dass die Münzen nicht unter Wert veräußert werden. Der Auktionator erhält eine im Voraus vereinbarte Provision. Der Nachteil dieser Vorgehensweise besteht darin, dass von der Abgabe der Münze bis zur Auszahlung des Erlöses meist Monate vergehen. Die Versteigerung eignet sich also nur, wenn Sie das Geld nicht dringend benötigen.

So verkaufen Sie Ihre Gold-Wertpapiere

Der Verkauf von Gold-ETC, Gold-Fonds oder anderen Wertpapieren läuft nach genau dem gleichen Prinzip ab wie der Kauf von Wertpapieren.

Statt „Kaufen“ müssen Sie lediglich den „Verkaufen“-Button in der Eingabemaske beziehungsweise direkt in Ihrer Depotübersicht hinter dem jeweiligen Wertpapier drücken. Denken Sie auch hier unbedingt daran, ein Limit zu setzen, wenn Sie nicht wollen, dass der Verkauf sofort zu jedem möglichen Preis erfolgt.

Kein Verkauf an „Schwarzen Freitagen“

Paniktage, bei denen Kurse erdrutschartig fallen, kamen in der Börsenhistorie immer mal wieder vor. Sie führen zu hohen Buchverlusten in kurzer Zeit – so zum Beispiel nach der Reaktorkatastrophe von Fukushima Anfang August 2011, im Februar 2020, als die Corona-Gefahr in das allgemeine Bewusstsein drang oder nach dem Einmarsch Russlands in die Ukraine Ende Februar 2022.

Grundsätzlich sollten Sie nie an solchen Paniktagen verkaufen. Meist erholen sich die Kurse innerhalb weniger Tage zumindest ein wenig und Sie können in Ruhe überlegen, ob Sie wirklich zum jetzigen Zeitpunkt verkaufen wollen.

Idealerweise haben Sie sich aber lange vorher Gedanken dazu gemacht, wann und gegebenenfalls ab wie viel Prozent Verlust Sie die Reißleine ziehen und Wertpapiere verkaufen wollen.

Mit Gold spekulieren

Der Goldpreis schwankte über die Jahrzehnte stark. Gibt es Zeitpunkte oder Muster für einen guten Ein- und Ausstieg?

Von Anfang der 2000er- bis Anfang der 2010er-Jahre stieg der Goldpreis stark an. Zum damaligen Hoch lag der Preis bei rund 1300 Euro pro Feinunze. Danach sank der Preis 2014 aber auch wieder auf bis zu 880 Euro, um bis Mitte 2020 auf über 1700 Euro anzusteigen. Nach Rücksetzern auf rund 1450 Euro ging es 2022 kurzzeitig bis über 1880 Euro. Dann sorgten die Zinserhöhungen der Notenbanken für Gegenwind beim Goldpreis.

Auch wenn die Hochs und Tiefs im Goldpreis mitunter Jahre brauchten, um sich auszubilden, könnten Anlegende natürlich versuchen, mit günstigen Goldkäufen einerseits und Verkäufen zu Hochpunkten andererseits die Rendite Ihres Portfolios aufzubessern. Das ist allerdings nicht so leicht. Zwar kann man im Rückblick auf dem Goldchart leicht erkennen, wann die besten Zeitpunkte zum Ein- und Ausstieg waren, in der Praxis müssen Sie den Chart aber „nach rechts“, also in die unbekannte Zukunft voraussehen – was erfahrungsgemäß schwierig ist.

Hilfsmittel für den Handel mit Gold

Verschiedene Hilfsmittel können Ihnen dabei helfen, die Wahrscheinlichkeit des Eintretens Ihrer Prognosen zu erhöhen. Anlegerinnen und Anleger, die kurzfristiger mit Gold handeln wollen, sollten sich auf Gold-ETC konzentrieren. Bei diesen ist der Kauf- und Verkauf „per Knopfdruck“ am PC oder Smartphone möglich. Der Aufwand, physisches Gold zu verkaufen, ist – wie oben beschrieben – um einiges höher.

Um die optimalen Kauf- und Verkaufszeitpunkte zu finden, können Sie zum Beispiel Experteneinschätzungen in Ihre Abwägungen einbeziehen. Analysten von Banken oder Goldhändlern geben häufig Prognosen über den Goldpreis ab. Geopolitische Risiken, wie drohende schwere Konflikte, sind für sie häufig ein Indikator für steigende Goldpreise. Denn Gold gilt als sicherer

Entwicklung des Goldpreises ab Mitte der 90er-Jahre

Nach längerer Stagnation stieg der Goldpreis ab Ende der 90er-Jahre steil an. (Preis in US-Dollar je Feinunze)

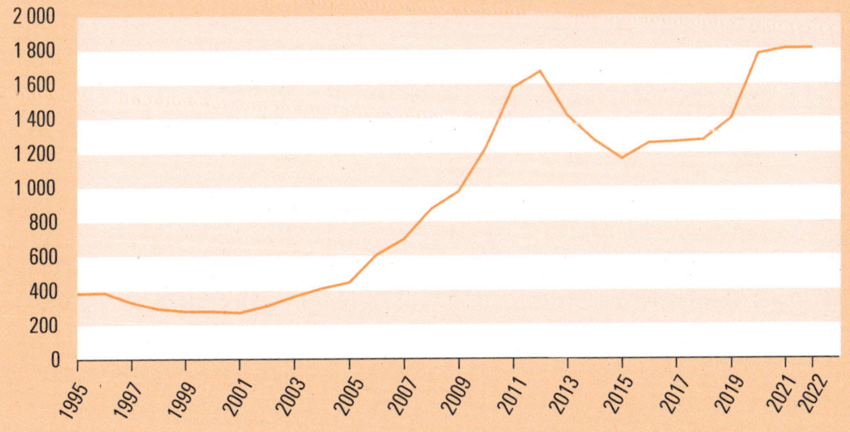

World Gold Council; London Bullion Market Association (Londoner Vormittagsfixing). © Statista 2023

Hafen in Krisenzeiten. Doch sind in der Geschichte der Menschheit zum Glück schon viele drohende Konflikte nie tatsächlich ausgebrochen oder blieben lokal begrenzt und hatten weniger Auswirkungen auf die Weltkonjunktur als befürchtet.

Gold und die Zinsen – besteht ein Zusammenhang?

In niedrigen Zinsen sahen Experten in der Vergangenheit immer wieder Preistreiber für Gold, da der Nachteil, dass Gold keine Zinsen abwirft, so an Bedeutung verliere.

Auch die ständig steigenden Schuldenlasten der Staaten hätten nach Ansicht einiger „Crashpropheten" schon in den letzten Jahren zu exorbitanten Preissteigerungen beim Gold führen sollen.

Diese Vorhersagen sind aber nicht eingetreten. Vielmehr wanderte die durch die Notenbanken und staatliche Hilfsprogramme bei Finanz- und Eurokrise sowie Corona geschaffene Liquidität auf Seiten der Anlegerinnen und Anleger eher in den Aktien- und Immobilienmarkt.

Trotz stark gestiegener Inflation im Jahr 2022 konnte Gold nicht profitieren. Da die Notenbanken die Zinsen anhoben, um die Inflation unter anderem durch Erschwerung der Finanzierung von Investitionen zu dämpfen, wurden Zinsanlagen wieder attraktiv. Statt in Gold schichteten viele Anlegerinnen und Anleger in zumindest nominalwertsichere Zinsanlagen um, die im Gegensatz zu Gold auch einen Ertrag liefern. Wie hoch die Zinsen in den nächsten Jahren sein werden, weiß niemand. Auch nicht, ob es zu so großen Vertrauensverlusten in andere Geldanlagen kommt, dass die Goldpreise wieder stark steigen.

Längerfristige Prognosen über die Goldpreise – auch von ausgewiesenen Experten – sind daher immer mit großen Unsicherheiten verbunden.

Saisonale Muster beim Goldpreis?

Anlegerinnen und Anleger, die mit Goldanlagen eher kurzfristig spekulieren wollen, versuchen mitunter, anhand sogenannter Saisonalitäten Hinweise auf günstige Kauf- und Verkaufszeitpunkte beim Gold zu bekommen. So gilt beispielsweise die Hochzeitssaison in Indien als regelmäßiger Auslöser für steigende Goldpreise. Denn im bevölkerungsreichen Indien wird vor allem zu Hochzeiten mehr Goldschmuck als in anderen Ländern der Welt gekauft.

Hochzeiten werden in Indien primär in den Herbstmonaten gefeiert. Daher setzen manche Spekulanten auf steigende Goldpreise zwischen Juli und September. Die Goldschmuckindustrie ist allerdings nur ein Teil der Goldnachfrage weltweit, weshalb sich schwierig abschätzen lässt, ob Großhändler und Schmuckfabrikanten das Rohmaterial nicht schon ausreichend vor der Hochzeitssaison eingekauft haben.

Ein zuverlässiger Garant für steigende Goldpreise war die „Hochzeitssaisonalität" in der Vergangenheit jedoch nicht. Sie kann höchstens eines von mehreren Puzzlesteinen sein, wenn es darum geht, Prognosen über den künftigen Goldpreis anzustellen.

Langfristig Durchschnittsverläufe pro Jahr uneindeutig

Aus den jeweiligen Verläufen des Goldpreises während eines Jahres kann man langfristig Durchschnittsverläufe erstellen. Betrachtet man beispielsweise den Goldpreisverlauf seit Ende der 1960er-Jahre ist der Goldpreis durchschnittlich im Verlauf von Januar bis Dezember gestiegen. Daraus könnte man ableiten, dass es gewinnbringend sein kann, im Januar zu kaufen und im Dezember zu verkaufen. Betrachtet man hingegen die Entwicklung der letzten zehn Jahre, ging es ab September preislich eher abwärts, sodass Ende August statistisch ein guter Verkaufszeitpunkt sein sollte.

Die saisonalen Verläufe liefern also keinen sicheren Hinweis auf die besten Ein- und Ausstiegszeitpunkte beim Gold. Letztlich sollten Anlegende Gold als Sicherheitsbaustein im Gesamtportfolio oder gar als „letzte Krisenversicherung" ansehen. Dann brauchen Sie sich auch keine Gedanken über den optimalen Verkaufszeitraum machen (siehe den Abschnitt „Wie viel Gold im Portfolio ist genug?", Seite 48).

Rebalancing Ihres Portfolios

Am Anfang haben Sie sich für einen Risikotyp entschieden. Das Rebalancing verhindert ein Risiko-Ungleichgewicht.

Zu Beginn Ihrer erfolgreichen Geldanlage stand die Planung und Aufteilung Ihres Anlagevermögens nach Assetklassen, die sogenannte Asset Allocation. Damit haben Sie festgelegt, wie viel Prozent Ihres Vermögens Sie – entsprechend Ihrer Risikoeinstellung – in Zinsanlagen, Aktien, Aktienfonds und ETF, Immobilien sowie auch in Gold anlegen wollen. Im Lauf der Zeit ändert sich die Aufteilung aber ganz automatisch, da die einzelnen Anlageklassen sich unterschiedlich entwickeln. Wenn beispielsweise in Boomphasen Aktien stärker an Wert zulegen als die Zinsanlagen, erlangen diese prozentual ein höheres Gesamtgewicht in Ihrem Portfolio, als Sie ursprünglich wollten.

Möglicherweise spiegelt die neue Aufteilung dann nicht mehr Ihre persönliche Risikoeinstellung wider. Es könnte beispielsweise auch sein, dass Ihr Gold-ETC besonders gut gelaufen ist, da der Goldpreis eine starke Aufwärtsbewegung vollzogen hat.

Hatten Sie vielleicht eine Goldquote von 10 Prozent als Ihr Maximum festgelegt und Ihre Goldwerte sind deutlich stärker als andere Anlagen gestiegen, kann es sein, dass Ihre Goldquote nun bei 13 Prozent liegt.

Rebalancing zur Wiederherstellung des eigenen Risikoprofils

Wenn Sie wieder zur ursprünglichen Gesamtvermögensverteilung zurückwollen, die besser zu Ihrer Risikoeinstellung passt, sollten Sie ein „Rebalancing" vornehmen. Das bedeutet, Sie passen Ihre Vermögensklassen an und schichten so um, dass Ihre ursprünglich festgelegte Anlagestruktur wieder eingehalten wird.

Hierfür könnten Sie im genannten Beispiel Teile Ihres Goldes verkaufen und dafür andere Vermögenswerte wie Aktien, festverzinsliche Wertpapiere oder Immobilien kaufen.

Wenn Sie Ihr Portfolio regelmäßig mit Sparplänen besparen, besteht eine andere Möglichkeit, um die Balance wiederherzustellen, darin, die Sparrate umzulenken. Wenn beispielsweise der Aktienanteil zu hoch ist, stoppen Sie für eine Weile die Zahlungen in den Aktienfonds oder ETF und zahlen stattdessen auch diese Raten in den Rentenfonds beziehungsweise Ihr Tages- oder Festgeld und in Ihren Gold-ETC ein oder kaufen Goldmünzen – und zwar so lange, bis die gewünschte Portfolioaufteilung wieder erreicht ist.

Steht Ihnen neues Geld zur Anlage zur Verfügung, etwa aus einer kleinen Erbschaft, könnten Sie auch gezielt solche Anlagen kaufen, die entsprechend Ihrer ursprünglichen persönlichen Aufteilung derzeit im Gesamtverhältnis unterrepräsentiert sind.

Portfolio-Rechner Unter test.de (Suchanfrage „Bequem und krisenfest investieren", dann unter Punkt 3. „Rechner: Portfolio-Mischung prüfen") finden Sie einen Rechner, mit dem Sie die Portfoliomischung Ihres Pantoffelportfolios überprüfen können. Neben Aktien- und Zinsanlagen können Sie hier auch eingeben, wie viel Sie in Beimischungen wie zum Beispiel Gold anlegen wollen. Der Rechner zeigt Ihnen dann, bei welcher Anlageklasse Sie gemäß Ihres zuvor ausgewählten Risikoprofils Änderungen vornehmen müssen, um wieder Ihre gewünschte Asset-Allocation zu erreichen.

Ein- bis zweimal im Jahr das Depot anschauen reicht

Natürlich sollten Sie ein Rebalancing nicht sofort durchführen, wenn sich die ursprüngliche Aufteilung auch nur ein kleines bisschen verschiebt. Dagegen sprechen neben dem Arbeitsaufwand auch die Transaktionskosten, die jede Umschichtung mit sich bringt.

Stattdessen könnten Sie in regelmäßigen Abständen – beispielsweise alle sechs Monate oder einmal im Jahr – Ihre aktuelle Vermögensverteilung daraufhin überprüfen, ob eine Anpassung erforderlich ist. Der gewählte Zeitraum hängt ganz entscheidend davon ab, welchen Aufwand Sie hinsichtlich Ihrer Geldanlagen betreiben wollen.

Oder Sie richten Ihr Portfolio neu aus, sobald einzelne Anlageklassen um einen bestimmten Prozentsatz von Ihrer Zielaufteilung abweichen. Je nachdem, wie groß diese Abweichung sein darf, kann es sein, dass Sie hierbei öfter nachjustieren müssen. Die höhere Anzahl an Orders bei dieser Methode kann dadurch zu höheren Transaktionskosten führen. Außerdem müssen Sie dann Ihr Portfolio für gewöhnlich häufiger beobachten.

Gold verschenken und vererben

Bei der Goldanlage schwebt oft bereits das Vorhaben mit, sie einmal an die nächste Generation weiterzugeben.

→ **Diamonds are forever,** aber auch bei einem Goldinvestment schwingt dieser Ewigkeitsgedanke mit. Da das Edelmetall mit sehr hoher Wahrscheinlichkeit nie völlig wertlos werden wird und aufgrund der immer aufwendigeren Entdeckungs- und Förderkosten vermutlich eher im Wert stabil bleibt oder steigt (siehe Seite 27 f.), eignet es sich ideal als Geschenk oder als Erbteil.

Für beide Varianten gilt: Bis zu den (relativ hohen) Freibetragsgrenzen besteht Steuerfreiheit – übertrifft die Summe die Grenze, möchte auch der Fiskus seinen Teil abhaben (siehe „Steuern auf verschenktes und vererbtes physisches Gold“, Seite 132).

Gold verschenken

Physisches Gold kann ein persönlicheres Geschenk an Kinder, Enkel oder besonders nahestehende Verwandte sein, als ein eher technischer Vorgang wie eine Geldüberweisung oder das Aushändigen eines Umschlags mit Geld.

Der oder die Beschenkte wird sich später genau daran erinnern, wer ihm beispielsweise eine Goldmünze oder einen kleinen Goldbarren geschenkt hat.

Einige Goldhändler bieten auch zu besonderen Anlässen wie Geburt, Taufe, Geburtstag, Konfirmation oder Hochzeit spezielle Verpackungen für kleine Goldbarren an. Auch individuelle Gravuren kleiner Goldbarren haben Edelmetallhändler im Angebot.

Ansonsten gilt bei Goldgeschenken, dass Sie Anlagemünzen und Standard(gold-)barren den Sammlermünzen vorziehen sollten, wenn Sie diese als Geschenk kaufen wollen. Dann können Sie den Preis leicht überprüfen, der sich nach dem aktuellen Goldpreis zuzüglich der Kosten für die Geschenkverpackung und / oder Gravur richtet. Auch der Beschenkte hat es auch leichter, wenn er das Geschenk später einmal „flüssig" machen will oder muss, da Anlagemünzen leichter zu verkaufen sind als Sammlerstücke.

Sie können Goldschenkungen auch im Rahmen Ihres Rebalancings einplanen. Dies ist gerade für die Anlegerinnen und Anleger interessant, die wissen, dass das eigene Vermögen gut bis zum Lebensende ausreicht,

Steuerfrei verschenken und vererben

Bleibt die Schenkung oder das Erbe unter diesen Freibeträgen, fällt keine Steuer an.

An Ehegatten und Lebenspartner	500 000 Euro
An Kinder und Stiefkinder	400 000 Euro
An Kinder eines verstorbenen (Stief-)Kindes	400 000 Euro
An Kinder eines lebenden (Stief-)Kindes	200 000 Euro
An Eltern (Betrag für Schenkung bzw. Erbe)	20 000 Euro bzw. 100 000 Euro
An andere Personen (etwa Geschwister, Neffen, Freunde)	20 000 Euro

und lieber zu Lebzeiten mit „warmer Hand" schenken möchten.

Gold vererben

Gold kann selbstverständlich auch vererbt werden. Wenn Sie kein Testament machen, tritt die gesetzliche Erbfolge ein und mehrere Erben bilden eine Erbengemeinschaft. Die Erben müssen sich dann einigen, wie Sie den Nachlass – und damit auch das geerbte Gold – unter sich aufteilen.

Mittels eines Testaments können Sie gezielt regeln, wer Erbe werden soll. Mit sogenannten Vermächtnissen im Testament können Sie Goldstücke und -schmuck auch gezielt bestimmten Personen – auch solchen, die nicht zum Kreis der Erben gehören – zuweisen.

„Goldfund" im Schließfach?

Es ist möglich, dass Erben in einem Schließfach des Erblassers größere Bestände Gold vorfinden, zu denen sie keine Unterlagen im Nachlass finden. Bis Anfang 2017 konnten Anleger noch Gold in einem Gegenwert von bis zu 14999,99 Euro anonym kaufen. Kurz darauf wurde die Grenze vom Gesetzgeber auf 9999,99 Euro gesenkt und seit Anfang 2020 sind nur noch Goldgeschäfte bis 1999,99 Euro im anonymen Tafelgeschäft möglich.

Wenn eine Bank, bei der ein Erblasser oder eine Erblasserin ein Schließfach hatte, von dessen Tod erfährt, muss sie dem Finanzamt eine Meldung über sämtliche bei ihr zum Todestag geführten Konten, Depots und Schließfächer machen. Die Meldung umfasst bei den Konten und Depots auch die Kontostände. Da die Bank den Inhalt des Schließfachs hingegen nicht kennt, meldet sie nur, ob es ein solches gab. Da ein Erbe mit dem Erbfall auch Eigentümer des Schließfachinhalts wird, muss er diesen – soweit es sich um Wertgegenstände handelt – im Rahmen seiner Erbschaftsteuererklärung auch dem Finanzamt mitteilen. Soweit sein gesamtes Erbe, einschließlich des Goldes, über seinen Erbschaftssteuer-Freibeträgen liegt, muss er den darüber liegenden Erwerb versteuern (siehe „Steuern auf verschenktes und vererbtes physisches Gold", S. 132)

500
GOLD 999,9
100g

Gold und die Steuern

Auch bei Geschäften mit Goldanlagen können Steuern anfallen. Wer aber die wichtigsten Regeln kennt, kann oft dafür sorgen, dass der Fiskus leer ausgeht.

Der Staat erhebt Steuern, um Einnahmen zu generieren, öffentliche Dienstleistungen und Infrastruktur zu finanzieren oder um bestimmte wirtschaftliche oder soziale Ziele zu erreichen. Steuern spielen in fast allen Bereichen des Wirtschaftslebens eine wichtige Rolle, und bei der Geldanlage haben Sie mitunter eine beträchtliche Auswirkung auf Ihre Gesamtrendite.

Die Anlage in Gold bildet hier keine Ausnahme. Bei Goldbarren und Goldmünzen fällt keine Einkommenssteuer auf realisierte Veräußerungsgewinn an, wenn Sie diese lange genug halten. Das kann je nach Konstruktion auch bei Gold-ETC gelten. Gold-Fonds werden grundsätzlich wie andere Investmentfonds auch besteuert.

Wer Gold erbt oder geschenkt bekommt, muss möglicherweise darauf Erbschafts- oder Schenkungssteuer entrichten. In diesem Kapitel erfahren Sie alle Details zum Steuern zahlen und Steuern sparen bei der Goldanlage.

Steuern bei physischem Gold

Einkommens-, Erbschafts- und Schenkungssteuer: So können Sie diese unbeliebten Abzüge verhindern.

Wie bei anderen Anlageklassen müssen Sie sich auch bei der Anlage in physisches Gold Gedanken um die Steuern machen. Das gilt trotz der Tatsache, dass physisches Gold keine laufenden Erträge erwirtschaftet. Denn wenn Sie wissen, in welchen Fällen der Staat sowohl beim Kauf als auch Verkauf etwas von Ihrem Anlagebetrag und eventuellen Gewinnen abhaben will, können Sie Steuerabzüge manchmal auch vermeiden. Das verbessert Ihren Anlageerfolg.

Die Umsatzsteuer beim Goldkauf

Der Kauf von Anlagegold ist in Deutschland seit 1993 umsatzsteuerfrei. Seitdem gilt die Befreiung auch in allen EU-Mitgliedsstaaten. Das folgt aus einer EU-Richtline (98/80/EG1) aus dem Jahr 1998. Danach gelten Goldmünzen und Goldbarren unter folgenden Voraussetzungen als Anlagegold (so auch in Paragraf 25c Abs. 2 Umsatzsteuergesetz geregelt):

- **Goldbarren:** Gold in Barren- oder Plättchenform muss ein von den Goldmärkten akzeptiertes Gewicht und zudem einen Feingehalt von mindestens 995 Tausendsteln aufweisen. In einem Erlass vom 8. Juni 2023 hat das Bundesfinanzministerium überdies klargestellt, dass es auf die Form des Goldes nicht ankommt, sofern es vom Goldmarkt akzeptiert wird. Diese Voraussetzung erfüllen normalerweise sämtliche Goldbarren, die Sie bei seriösen Gold- und Edelmetallhändlern kaufen können.
- **Goldmünzen** gelten als Anlagegold, wenn sie einen Feingehalt von mindestens 900 Tausendsteln aufweisen, nach dem Jahr 1800 geprägt wurden und in ihrem Ursprungsland gesetzliches Zahlungsmittel sind oder waren. Darüber hinaus dürfen sie nicht üblicherweise zu einem Preis verkauft werden, der 80 Prozent des Materialwerts ihres Goldgehalts übersteigt.

Die gängigen Anlagemünzen wie Maple Leaf, Krüger Rand oder Wiener Philharmoniker erfüllen diese Anforderungen der EU für die Umsatzsteuerfreiheit beim Kauf. Anhand eines jährlich vom Bundesfinanzministerium veröffentlichten Verzeichnisses können Anlegerinnen und Anleger überprüfen, welche sonstigen Goldmünzen unter die Regelungen der EU für Anlagegold fallen. Der Verband der deutschen Münzenhändler (VDDM) stellt die aktuellen und einige ältere Veröffentlichungen unter vddm.de/service.html zur Verfügung. Danach fallen auch einige deutsche Gedenkmünzen wie der Goldeuro unter die Regelung für Anlagegold und können umsatzsteuerfrei erworben werden.

Für Sammlermünzen, die nicht unter die Umsatzsteuerbefreiung der EU fallen, Altgold und Goldschmuck müssen Anlegerinnen und Anleger in Deutschland beim Kauf hingegen 19 Prozent Umsatzsteuer zahlen.

Steuern beim Verkauf physischen Goldes – Haltedauer über ein Jahr

Beim Verkauf hat Gold in physischer Form einen großen Vorteil gegenüber Wertpapieren wie Staats- und Unternehmensanleihen, Aktien oder Fonds.

Bei Letzteren werden auf durch den Verkauf oder die Einlöse realisierte Kursgewinne 25 Prozent Einkommenssteuer (in Form der sogenannten Abgeltungssteuer) fällig sowie 5,5 Prozent Solidaritätszuschlag, der für Kapitaleinkünfte immer noch anfällt. Dazu kommt gegebenenfalls (bei einer Mitgliedschaft) noch die Kirchensteuer, die je nach Bundesland acht oder neun Prozent beträgt.

Damit entsteht für Veräußerungsgewinne aus Wertpapiergeschäften eine Gesamtsteuerbelastung von bis zu 27,99 Prozent. Die Depotbanken führen fällige Abgaben auf Kapitaleinkünfte (Einkünfte nach Paragraf 20 Einkommenssteuergesetz) automatisch an die Wohnsitzfinanzämter ihrer Kunden ab.

Goldbesitzer können ihr Gold hingegen steuerfrei veräußern – vorausgesetzt sie behalten es mindestens ein Jahr nach dem Kauf. Denn Gewinne aus der Veräußerung von Gold gehören nicht zu den Kapitaleinkünften nach Paragraf 20 EStG, sondern zu den sonstigen Einkünften nach Paragraf 22 EStG, zu denen auch die privaten Veräußerungsgeschäfte nach Paragraf 23 EStG zählen. Private Veräußerungsgeschäfte sind bei Wirtschaftsgütern wie Gold nur dann steuerpflichtig, wenn sich die Zeitspanne zwischen Anschaffung und Veräußerung („Spekulationsfrist") auf weniger als ein Jahr beläuft.

Gewinne bleiben außerdem steuerfrei, wenn der aus privaten Veräußerungsgeschäften erzielte Gesamtgewinn im Kalenderjahr weniger als 600 Euro betragen hat. Dabei handelt es sich um eine Freigrenze. Das bedeutet, dass bei Überschreiten der 600-Euro-Grenze der gesamte Gewinn steuerpflichtig wird und nicht nur der die Grenze übersteigende Teil. Sonst würde es sich um einen Freibetrag handeln: Bei Freibeträgen muss nur der überschießende Teil versteuert werden.

Steuern bei einer Haltedauer von unter einem Jahr

Bei einer Veräußerung innerhalb der Spekulationsfrist berechnet sich der steuerpflichtige Gewinn aus dem Unterschied zwischen dem Veräußerungspreis einerseits und den Anschaffungs- und Werbungskosten andererseits. Den Veräußerungsgewinn müssen Anleger und Anlegerinnen mit Ihrem persönlichen Steuersatz versteuern, der mit bis zu 42 Prozent (gegebenenfalls 45 Prozent bei Anwendung der „Reichensteuer") auch deutlich höher als der Abgeltungssteuersatz von 25 Prozent bei Wertpapieren ausfallen kann.

Verrechnung von Verlusten

Erzielen Anleger einen Verlust aus einer Veräußerung von Gold innerhalb eines Jahres, können sie diesen nur mit Gewinnen aus anderen „Spekulationsgeschäften" verrechnen. Eine Verrechnung beispielsweise mit Gewinnen aus der Veräußerung von Aktien oder ETF ist nicht möglich.

Haben die Anleger keine sonstigen Einkünfte, mit denen die Spekulationsverluste verrechnet werden könnten, können die Verluste ins unmittelbar vorangegangene Jahr zurück- oder in die folgenden Veranlagungszeiträume vorgetragen werden. Sie gehen also nicht verloren.

Steuern auf verschenktes und vererbtes physisches Gold

Wenn Sie Goldschmuck, Goldmünzen oder Goldbarren geerbt oder geschenkt bekommen haben, läuft die „Spekulationsfrist" des Paragrafen 23 EStG nicht wieder neu bei Ihnen. Sie treten vielmehr in die „steuerlichen Fußstapfen" des Erblassers oder Schenkers. Das bedeutet, dass Sie das Gold steuerfrei verkaufen können, wenn seit dem Zeitpunkt, als es der Schenker oder die Erblasserin erworben hat, mehr als ein Jahr vergangen ist.

Hatte die Person das Gold beispielsweise erst vor einem halben Jahr gekauft, müssen Sie weitere sechs Monate warten, bis ein steuerfreier Verkauf möglich ist.

Bei einer Schenkung oder Erbschaft von Gold ist immer auch die Erbschafts- und Schenkungssteuer zu beachten. Nach dem Erbschaft- und Schenkungsteuergesetz (ErbStG) werden Erbschaften und Schenkungen im Prinzip gleichbehandelt. Der Unterschied besteht im Wesentlichen darin, dass die Erbschaftssteuer beim „Erwerb von Todes wegen", also im Erbfall ansetzt; die Schenkungssteuer hingegen zielt auf den Zeitpunkt einer Schenkung ab. Erbschafts- oder Schenkungssteuer fallen nur an, wenn der Wert der Schenkung beziehungsweise des Erbes oder mehrerer Schenkungen zusammen, die der oder die Beschenkte und/oder Erbe innerhalb von zehn Jahren vom gleichen Schenker/Erblasser erhalten hat, bestimmte Freibeträge überschreitet. Diese betragen für Ehegatten 500000 Euro, für Kinder und Stiefkinder 400000 Euro, für Enkel 200000 Euro, für Eltern bei Erwerb von Todes wegen 100000 Euro (20000 Euro bei Schenkung) und für sonstige Personen wie Geschwister, Neffen und Nichten oder auch Nicht-Verwandte 20000 Euro (siehe S. 128).

Steuersätze bei Erbschaft und Schenkung

Das Erbschaft- und Schenkungsteuergesetz regelt in § 19 die Steuersätze.
Der Gesetzestext im Detail:
(1) Die Erbschaftsteuer wird nach folgenden Prozentsätzen erhoben:

Wert des steuerpflichtigen Erwerbs (§ 10) bis einschließlich ... Euro	Prozentsatz pro Steuerklasse		
	Steuerklasse I	Steuerklasse II	Steuerklasse III
75 000	7	15	30
300 000	11	20	30
600 000	15	25	30
6 000 000	19	30	30
13 000 000	23	35	50
26 000 000	27	40	50
über 26 000 000	30	43	50

(2) Ist im Falle des § 2 Absatz 1 Nummer 1 ein Teil des Vermögens der inländischen Besteuerung auf Grund eines Abkommens zur Vermeidung der Doppelbesteuerung entzogen, ist die Steuer nach dem Steuersatz zu erheben, der für den ganzen Erwerb gelten würde.

(3) Der Unterschied zwischen der Steuer, die sich bei Anwendung des Absatzes 1 ergibt, und der Steuer, die sich berechnen würde, wenn der Erwerb die letztvorhergehende Wertgrenze nicht überstiegen hätte, wird nur insoweit erhoben, als er:

a) bei einem Steuersatz bis zu 30 Prozent aus der Hälfte,
b) bei einem Steuersatz über 30 Prozent aus drei Vierteln,

des die Wertgrenze übersteigenden Betrags gedeckt werden kann.

Liegt der Erwerb über diesen Freibeträgen, muss der restliche Betrag mit bestimmten Prozentsätzen versteuert werden, die je nach anzuwendender Steuerklasse unterschiedlich liegen.

Bei der Erbschafts- und Schenkungssteuer gibt es drei Steuerklassen. Zur Steuerklasse I gehören insbesondere die Ehegattin oder Lebenspartnerin, die Kinder und Stiefkinder sowie die Enkel.

Steuerklasse II sind unter anderem die Eltern bei einer Schenkung (bei einem Erwerb von Todes wegen gehören sie zur Steuerklasse I), Geschwister, Nichten und Neffen sowie die Schwiegerkinder. Alle nicht zu Steuerklasse I oder II gehörenden Personen werden der Steuerklasse III zugeordnet. Mit welchem Prozentsatz ein über den Freibeträgen liegender Erwerb versteuert werden muss, ergibt sich dann aus der Tabelle in Paragraf 19 des ErbStG (siehe Tabelle „Steuersätze ...“, S. 133).

Bewertungszeitpunkt für die Erbschaftssteuer

Die Bewertung des geerbten oder geschenkten Goldes erfolgt übrigens mit dem Verkehrswert zum Stichtag des Todes beziehungsweise der Schenkung. Hat beispielsweise ein Erbe eine 1-Unze-Krügerrand-Münze geerbt, die am Todestag des Erblassers 1800 Euro wert war, wird der Erbschaftssteuer dieser Wert zugrunde gelegt, auch wenn der Erbe erst drei Monate später einen Erbschein erhalten und erst dann über die Münze verfügen konnte. Dass die Münze dann vielleicht 2000 Euro oder 1600 Euro wert ist, ist dem Finanzamt egal.

Steuern bei Gold-Fonds und Gold-ETF

Unter den Begriffen Gold-Fonds und Gold-ETF werden meist aktiv gemanagte Fonds und ETF verstanden, die in Unternehmen aus der Goldbranche investieren.

Damit handelt es sich also um Aktienfonds und Aktien-ETF, für die die steuerlichen Regelungen für Investmentfonds gelten.

Seit 2018 gelten neue Regeln bei der Besteuerung von Investmentfonds. Deutsche Fonds zahlen seither auf bestimmte Erträge 15 Prozent Körperschaftssteuer und können somit weniger an Anleger ausschütten oder neu investieren. Die Anlegerinnen und Anleger erhalten im Gegenzug Freistellungen von der Abgeltungssteuer. Das gilt sowohl für deutsche als auch ausländische Fonds im Depot. Überdies hat sich durch die Neuregelung der Aufwand für Anlegende deutlich reduziert. Die Fondsgesellschaften zahlen die Steuer direkt aus dem Fondsvermögen und viele Aufgaben, die den Anlegenden bisher zufielen, erledigen nun Depotbanken.

Übrigens: Die neuen Regeln gelten auch für Fonds und ETF, die Anlegerinnen und Anleger schon vor 2018 gekauft haben. Alle Fondsanteile galten steuerlich am 31. Dezember 2017 als fiktiv verkauft und am 1. Januar 2018 als neu angeschafft.

Besteuerung der Ausschüttungen von Investmentfonds

Seit 2018 besteuert der Fiskus nicht länger nur die Erträge des Anlegers. Von nun an zahlen bereits die Fondsgesellschaften unmittelbar aus dem Fondsvermögen Körperschaftssteuer auf deutsche Dividenden, deutsche Mieterträge und auf Gewinne aus dem Verkauf deutscher Immobilien.

Ausländische Dividenden und Immobilienerträge, Gewinne aus Wertpapierverkäufen und aus Termingeschäften sowie Zinserträge unterliegen auf Fondsebene hingegen nicht der Körperschaftssteuer.

Der nach Abzug der Körperschaftssteuer verbleibende Rest der Erträge und Veräußerungsgewinne des Fonds werden an die Anleger ausgezahlt.

Als Ausgleich für die seit 2018 geschrumpften Erträge, die Anlegern vom Fonds oder ETF ausgezahlt werden, muss nicht mehr für die gesamten Erträge Abgeltungssteuer gezahlt werden, sondern lediglich noch auf einen Teil (sogenannte Teilfreistellung, Paragraf 20 Investmentsteuergesetz).

Die Höhe dieser Teilfreistellung hängt von der Art des Fonds ab:

- **Bei einem fortlaufend** mehr als 50 Prozent in Aktien anlegenden Fonds erhält der Privatanleger 30 Prozent der Ausschüttungen steuerfrei.
- **Enthält ein Mischfonds** wenigstens 25 Prozent Aktienanteil, beträgt die Steuerfreistellung 15 Prozent.
- **Bei Immobilienfondsanteilen** erhalten Anleger eine Freistellung von 60 Prozent. Investiert der Fonds hauptsächlich in ausländische Immobilien (zu mindestens 51 Prozent), sind sogar 80 Prozent steuerfrei.

Die Teilfreistellungen gelten für sämtliche Erträge, also Dividenden und Verkaufsgewinne – ganz gleich ob inländisch oder ausländisch.

Parallel ersetzt die neue Methode die Anrechnung der im Ausland gezahlten ausländischen Quellensteuern im Rahmen der Steuererklärung. Das erspart vielen Anlegern eine Menge Aufwand.

Von der Teilfreistellung sind sogenannte Fully-Funded-Swaps ausgeschlossen. Diese besitzen keine oder wenige echte Kapitalbeteiligungen, sondern bilden den Markt überwiegend durch Tauschgeschäfte künstlich nach. Ihre Erträge sind somit steuerlich benachteiligt. Allerdings ist diese Art von Fonds auf dem Markt nur selten erhältlich. Die meisten ETF bilden nur einen aus steuerlicher Sicht unbedenklich kleinen Teil ihrer Kapitalbeteiligungen künstlich nach, so auch alle von Finanztest empfohlenen Swap-ETF. Sie profitieren von den Teilfreistellungen, da sie mehr als die Hälfte ihrer Investitionen in echten Anlagen halten.

Die Vorabpauschale bei thesaurierenden Fonds und ETF

Bei Fonds, die Erträge nicht oder nur teilweise ausschütten, geriet die automatische Besteuerung mittels der Abgeltungssteuer an ihre Grenzen: Sammeln thesaurierende Investmentfonds Erträge im Vermögen wieder an (thesaurieren), erhält der Anleger zunächst kein Geld, steuerpflichtig ist es dennoch. Daher wiesen deutsche Fonds vor der Reform 2018 „ausschüttungsgleiche Erträge" aus und führten dafür Steuern ab. Anders ausländische Fonds und ETF, die nicht der deutschen Hoheitsgewalt unterliegen: Von ihren Erträgen wurde das Finanzamt nicht automatisch in Kenntnis gesetzt und war auf die Angabe ihrer „ausschüttungsgleichen Erträge" durch die Anleger in der Steuererklärung angewiesen. Das geschah oft nicht. Manche Anleger deckten Erträge verbotenerweise erst bei Verkauf auf und zahlten somit auch erst dann Steuern, die schon in der Vergangenheit fällig gewesen wären.

Die Investmentsteuerreform stopfte dieses Schlupfloch und führte für alle thesaurierenden Fonds die Vorabpauschale ein. Diesen imaginierten Ertrag ermittelt die depotführende Stelle und schreibt ihn dem Anleger am ersten Werktag des jeweils folgenden Jahres zu. Dies ist die Basis dafür, wie viel Steuern der Anleger jährlich für seinen Fonds zahlen muss. Die Höhe der Vorabpauschale berechnet sich nach dem Wert des Fondsanteils zu Jahresbeginn. Dieser wird mit 70 Prozent des Basiszinssatzes, den die Deutsche Bundesbank zum Jahresanfang errechnet, multipliziert. Der Basiszins wird aus der langfristig erzielbaren Rendite öffentlicher Anleihen abgeleitet. Dabei ist auf den Zinssatz abzustellen, den die Deutsche Bundesbank anhand der Zinsstrukturdaten für Bundeswertpapiere mit jährlicher Kuponzahlung und einer Restlaufzeit von 15 Jahren errechnet.

Der Basiszins für 2020 betrug 0,07 Prozent und bestimmte die Vorabpauschale, die Anlegern Anfang 2021 zugerechnet wurde. Für 2021 beträgt der Basiszins –0,45 Prozent, für 2022 –0,05 Prozent. Weil die Basiszinsen dieser Jahre negativ sind, müssen Fondsanleger in den Jahren 2022 und 2023 keine Vorabpauschale versteuern. Der Basiszins 2023 beträgt 2,55 Prozent, weshalb

Berechnung der Vorabpauschale

Beispielrechnung für die anfallende Vorabpauschale bei einem thesaurierenden Fonds oder ETF, der zum Jahresanfang einen Wert von 30 000 Euro hat.

Wert des Aktienfondsanteils am 1. Januar 2023	30 000,00 €
Wert des Aktienfondsanteils am 31. Dezember 2023	31 000,00 €
Wertsteigerung	1000,00 €
Vorabpauschale (30 000 x 0,0255 x 0,7)	535,50 €
Zu versteuernder Betrag nach 30 Prozent Teilfreistellung	374,85 €
zu zahlende Abgeltungssteuer plus Soli (26,375 Prozent)	98,87 €

Annahmen: Basiszins 2,55 Prozent. Sparerpauschbetrag bereits verbraucht.

Anlegern am ersten Werktag 2024 wieder eine positive Vorabpauschale zugerechnet wird. Aber auch in Jahren mit positiver Vorabpauschale müssen Anlegende diese nicht an das Finanzamt zahlen, vielmehr ist sie die Grundlage für die Besteuerung, wie das Beispiel in der Tabelle „Berechnung der Vorabpauschale" zeigt. Sie wird von der Bank eingezogen.

Die Vorabpauschale wird nur angesetzt, wenn sie geringer als die Wertsteigerung ist, die der Fonds innerhalb des entsprechenden Jahres erzielt. Daher werden im Beispiel nur auf die Vorabpauschale – reduziert um 30 Prozent Teilfreistellung, da der Fonds fortlaufend mehr als 50 Prozent in Aktien anlegt – Abgeltungssteuern fällig und nicht auf die Wertsteigerung von 1000 Euro. Hätte der Fonds keinen Wertzuwachs erzielt, wären für das Jahr weder Vorabpauschale noch Steuern angefallen. Zahlt ein Fonds Erträge teilweise an Anleger aus und spart nur den Rest im Vermögen an, mindern die Teilausschüttungen die Vorabpauschale maximal bis auf 0 Euro.

Keine Abgeltungssteuerfreiheit mehr für „Altfonds"

Für Fondsanteile, die Anleger vor 2009 erworben haben, gab es bis zur Investment-

So werden Veräußerungsgewinne bei Altfonds besteuert

Beispielrechnung für die anfallende Steuer bei dem fiktiven Verkauf eines Altfonds, der vor 2009 erworben wurde.

Kaufpreis Fonds 2007	200 000 €
Wert am 31. Dezember 2017	325 000 €
Wert bei Verkauf im Jahr 2029	500 000 €
Veräußerungsgewinn im Jahr 2029	300 000 €
Fiktiver Gewinn bis Ende 2017	- 125 000 €
Bleiben	175 000 €
Teilfreistellung (30 Prozent)	- 52 500 €
Gewinn aus Verkauf der Altanteile nach Teilfreistellung	**122 500 €**
Freibetrag für Altbestände	- 100 000 €
zu versteuern	22 500 €
Fällige Steuer (26,375 Prozent Abgeltungssteuer plus Soli)	**5934,38 €**

Annahmen: Anlegerin ist unverheiratet, konfessionslos und hat ihren Sparerpauschbetrag bereits verbraucht.

steuerreform 2018 einen Bestandsschutz dergestalt, dass sie von der Abgeltungssteuer bei Verkauf verschont wurden. Dieser Bestandsschutz wurde mit der Reform aufgehoben und durch einen persönlichen Freibetrag von 100 000 Euro auf Kursgewinne dieser Altpapiere ersetzt. Bis Ende 2017 erzielte Kursgewinne blieben jedoch endgültig steuerfrei. Bei Verkauf behält die Depotbank allerdings zunächst Steuern ein. Das Finanzamt gewährt im Anschluss den Freibetrag, so der Verkauf in der Steuererklärung mitgeteilt wird, und erstattet den zu viel gezahlten Betrag. Auch Verluste, die mit Altanteilen ab 2018 entstanden sind und bei Verkauf realisiert werden, finden Berücksichtigung: Anleger können sie wie üblich mit anderen positiven Kapitalerträgen verrechnen lassen.

Die Beispielrechnung in der Tabelle „So werden Veräußerungsgewinne bei Altfonds besteuert“ (siehe S. 138) zeigt, wie die Steuer berechnet wird, wenn eine Anlegerin einen vor 2009 erworbenen Fonds in der Zukunft mit Gewinn veräußern würde.

Keine Umsatzsteuer bei Kauf und Verkauf

Die Leistungen von Kreditinstituten und anderen Handelsplattformen für Finanzprodukte an Privatkunden, bei denen es um den Handel und die Vermittlung von Wertpapieren wie Aktien, Anleihen oder Fonds geht, sind generell umsatzsteuerfrei (Paragraf 4 Nr. 8 UStG). Das bedeutet, dass Anlegerinnen und Anleger beim Kauf – und auch beim Verkauf – von Gold-ETC und Gold-Fonds daher keine Umsatzsteuer zahlen müssen.

Steuern bei Gold-ETC

Gold-ETC werden je nach Konstruktion unterschiedlich besteuert. Nur wenn sie bestimmte festgelegte Kriterien erfüllen, können Anlegende sie nach einem Jahr steuerfrei veräußern.

Gold-ETC sind Wertpapiere, die die Wertentwicklung des Goldpreises nachvollziehen. Sie funktionieren ähnlich wie ETF, allerdings erwerben Anlegerinnen und Anleger kein Sondervermögen, sondern eine Schuldverschreibung.

Einige Herausgeber von ETC hinterlegen diese mit Sicherheiten bei einem Treuhänder, um das Emittentenrisiko gering zu halten. Bei besicherten Gold-ETC hinterlegt der Emittent physisches Gold in Tresoren renommierter Depotbanken.

Da der Verkauf von physischem Gold und die Realisierung eines Veräußerungsgewinns für Privatanleger nach einer Haltedauer von einem Jahr steuerfrei ist, musste der Bundesfinanzhof (BFH) in mehreren Fällen entscheiden, ob diese Steuerfreiheit nach Jahresfrist auch für mit Gold hinterlegte ETC gilt.

Urteile des Bundesfinanzhofes zur Steuerfreiheit

Für einen der bekanntesten deutschen Gold-ETC – Xetra-Gold – hat der Bundesfinanzhof 2015 (Az.: VIII R 4/15) klargestellt, dass durch Verkauf des ETC realisierte Kursgewinne nach einem Jahr Haltedauer steuerfrei bleiben. Denn Xetra-Gold sei wegen der physischen Besicherung mit Gold und der Auslieferungsmöglichkeit steuerlich echtem Gold gleichgestellt. Bei dem Xetra-Gold ETC handele es sich nicht um eine Kapitalforderung, da dieser auf die Lieferung einer Sache gerichtet sei. Denn nach den Emissionsbedingungen hatte der Kläger gegen die Emittentin ausschließlich Anspruch auf die Lieferung von Gold. Der Anspruch des Klägers auf die Lieferung von Gold werde auch nicht dadurch zu einer Kapitalforderung, dass er nach den Emissionsbedingungen die Möglichkeit hatte, Xetra-Gold über die Börse zu veräußern. Ein Veräußerungsgewinn führe daher nicht zu Einkünften aus Kapitalvermögen (Paragraf 20 EStG). Ähnlich urteilte der BFH im Juni 2020 in einem Fall, der den Gold Bullion Securities ETC betraf (Az.: VIII R 7/17).

Einer Anlegerin, die in einen schweizerischen (mangels Risikomischung nicht in Deutschland zugelassenen) Gold-ETF investierte, der ausschließlich in physisches Gold anlegte und seinen Anlegern die Möglichkeit gewährte, im Fall einer Kündigung ihrer Beteiligung statt einer Barauszahlung eine Sachauszahlung in der Standardeinheit von Goldbarren mit einem Gewicht von 12,5 Kilogramm zu verlangen, versagte der Bundesfinanzhof hingegen die Steuerfreiheit. Die Klägerin habe keinen schuldrechtlichen Anspruch auf die Lieferung des von dem Fonds angeschafften Goldes und die mögliche Auszahlung in Gold nach Kündigung der Fonds-Beteiligung wurde als nicht ausreichend angesehen, weil die Klägerin keinen gebundenen Anspruch innehatte, sondern die Auszahlung von weiteren Voraussetzungen abhing.

Die wesentlichen Kriterien für die Steuerfreiheit bei Gold-ETC

Aufgrund der bisher ergangenen Urteile des Bundesfinanzhofes lassen sich drei wesentliche Kriterien für die Steuerfreiheit eines Veräußerungsgewinns nach einer Haltedauer von mindestens einem Jahr festmachen:

- **Der Anleger** darf bei einem Gold-ETC ausschließlich einen Sachleistungsanspruch, also einen Anspruch nur auf die Lieferung des zugrundeliegenden Goldes erhalten. Ein Wahlrecht des Anlegers zwischen einer Geldleistung oder Sachleistung ist in der Regel bereits schädlich und führt zu Einkünften aus Kapitalvermögen. Ein Veräußerungsgewinn unterliegt dann der Abgeltungssteuer.
  Unschädlich ist es hingegen, wenn der Emittent des ETC im Rahmen der Erfüllung des Sachleistungsanspruchs des Anlegers statt der Lieferung das Gold an

Keine Steuerfreiheit bei gehebelten Produkten: Gold-Zertifikate, die den Goldpreis hebeln, also beispielsweise die Entwicklung mehrfach nachbilden, sind grundsätzlich Kapitalforderungen, die steuerlich zu Gewinnen (oder Verlusten) aus Kapitalvermögen führen und damit der Abgeltungssteuer unterliegen. Das gilt auch für Short-Zertifikate auf Gold. Diese bilden die umgekehrte tägliche Entwicklung des Goldpreises nach, mitunter auch gehebelt. Sie machen also nur Gewinn, wenn der Goldpreis fällt. Ein steuerfreier Veräußerungsgewinn nach einem Jahr Haltedauer kommt bei diesen Produkten nicht in Betracht.

einen Dritten veräußert und dem Anleger sodann den Erlös auskehrt. Hier ist die Veräußerung nur eine Art Zusatzleistung.

- **Der Emittent** des Gold-ETC muss verpflichtet sein, den Sachleistungsanspruch auf das Gold fast vollständig physisch zu besichern. Der BFH hat hier eine Besicherung von 95 Prozent mit physischem Gold als ausreichend angesehen.
- **Der Sachleistungsanspruch** muss tatsächlich und innerhalb angemessener Frist erfüllbar sein, da übermäßig hohe Hürden bei der Anspruchsausübung der Annahme eines reinen Sachleistungsanspruchs entgegenstehen könnten. Die bekannten Gold-ETC Xetra-Gold und Euwax Gold II gewähren beispielsweise Goldauslieferungen ab einem Gegenwert von 1 Gramm Gold. Bei Euwax Gold II ist die physische Auslieferung in Form von Kleinbarren bei 100 Gramm Gold oder einem Vielfachen davon innerhalb Deutschlands sogar kostenfrei.

Hilfe

Fachbegriffe erklärt

Abgeltungssteuer: Kapitalerträge, das heißt, Gewinne aus Wertpapierverkäufen sowie Zinsen und Dividenden, die oberhalb eines Sparerpauschbetrags von 1000 Euro für Singles und 2000 Euro für Verheiratete liegen, werden pauschal mit 25 Prozent besteuert. Hinzu kommen der Solidaritätszuschlag und gegebenenfalls Kirchensteuer.

Aktie: Aktien sind Wertpapiere. Sie verbriefen Anteile an Unternehmen und sind meistens mit einem Stimmrecht verbunden, das auf der jährlichen Hauptversammlung ausgeübt wird. Aktionäre sind die Eigentümer von Aktiengesellschaften. Aktien großer Firmen sind meistens an einer Börse gelistet und können dort gehandelt werden.

Aktiv gemanagter Fonds: Fondsmanager wählen die Titel im Fonds aus, in die sie das Geld der Anleger investieren. Sie orientieren sich dabei mehr oder weniger eng an einem Index. Je nachdem, wie sie bei der Auswahl der Titel vorgehen, spricht man zum Beispiel von Growth- oder Value-Ansatz. Siehe auch Passiv gemanagter Fonds.

Anlagemünzen (auch Bullionmünzen): Münzen mit einem hohen Edelmetallanteil, die in hohen Stückzahlen geprägt werden und in erster Linie für Anleger als Geldanlage gedacht sind.

Anleihe: Verzinsliche Schuldverschreibung mit meist fester Laufzeit. Anleihen werden von Einrichtungen der öffentlichen Hand (Bund, Länder, Gemeinden), Unternehmen oder Banken herausgegeben und an der Börse gehandelt. Die Zinshöhe ist abhängig von der Laufzeit und Kreditwürdigkeit des Herausgebers (Emittent). Der Emittent ist verpflichtet, dem Gläubiger (Anleger) zum Laufzeitende den Nominalwert, also den bei Emission der Anleihe verbrieften Betrag, zurückzuzahlen. Wird die Anleihe während der Laufzeit verkauft, kann der Kurswert vom Nominalwert abweichen, Anleger können also einen Kursgewinn oder -verlust erzielen.

Asset Allocation: die prozentuale Aufteilung der Geldanlagen eines Anlegers in Anlageklassen und Anlagemärkte

Australian Känguru (auch Kangaroo oder Australian Nugget): Anlagemünze, die von der australischen Perth Mint Prägeanstalt hergestellt wird

Benchmark: Maßstab, um die Leistung von Fonds zu messen. Meist wird dazu ein Index herangezogen, der die Marktentwicklung widerspiegelt, wie zum Beispiel der Dax oder der Weltaktienindex MSCI World.

Börse: Die Börse ist ein Marktplatz für den Handel von Wertpapieren. Früher waren es Menschen, die schnell Angebot und Nachfrage erfassen und einen Preis festsetzen mussten, um möglichst viele Käufer und Verkäufer zusammenzubringen. Heute wird der Großteil der Aktiengeschäfte nicht mehr von Börsenhändlern, sondern automatisch von Computern abgewickelt.

Bullionmünzen: siehe Anlagemünzen

China Gold Panda: Goldanlagemünzen, die seit 1982 von der Volksrepublik China herausgegeben werden. Die Motivseiten zeigen einen oder zwei Pandabären.

Dax: Der deutsche Aktienindex, abgekürzt Dax, ist der Leitindex der Deutschen Börse. Er enthält die 40 wichtigsten Aktiengesellschaften Deutschlands. Sein offizieller Start war am 1. Juli 1988.

Depot: Wertpapiere, etwa Aktien, Anleihen und Fonds, werden in einem Depot verwahrt. Es ist eine Art Konto, auf dem Zu- und Abgänge verbucht werden. Die Depotstelle – eine Bank oder Investmentgesellschaft – kümmert sich darum, dass Geld aus Verkäufen oder Ausschüttungen dem Girokonto gutgeschrieben oder wieder angelegt wird; sie schickt dem Anleger regelmäßig Abrechnungen über alle Buchungen sowie einen Depotauszug zu. Für diesen Service verlangt sie meist Depotgebühren.

Diversifikation: Streuung von Geldanlagen auf mehrere Anlageklassen wie zum Beispiel Aktien, Festzinsanlagen, Immobilien, Rohstoffe, mit dem Ziel, das Risiko zu reduzieren

Dividende: Der Anteil am Gewinn einer Aktiengesellschaft (AG), der pro Aktie an den Anleger ausgeschüttet wird. Die Höhe der Dividende wird auf der Hauptversammlung der AG festgelegt.

Doré-Gold: Eine Mischung aus Gold und anderen Metallen, die aus einer Mine oder einem Bergwerk gewonnen wurde und noch weiter raffiniert werden muss, um reines Gold zu erhalten.

Edelmetalle: Metalle, die aufgrund ihrer Seltenheit, Schönheit, Beständigkeit und Verwendung als Währung oder Schmuck einen hohen Wert haben. Dazu gehören Gold, Silber, Platin und Palladium.

Emittent: Der Herausgeber eines Wertpapiers, zum Beispiel einer Anleihe oder eines Zertifikats

Emittentenrisiko: Gefahr, dass sich die Kreditwürdigkeit des Herausgebers einer Schuldverschreibung (Anleihe, Zertifikat) verschlechtert oder er pleitegeht. Dies kann zum (teilweisen) Ausfall von Zinszahlungen und im Pleitefall zum Totalverlust führen.

ESG: Abkürzung für die Kriterien Umwelt (Environment), Soziales (Social) und verantwortungsvolle Unternehmensführung (Governance), die bei nachhaltigen Geldanlagen eine wichtige Rolle spielen

Exchange Traded Commodity (ETC): Börsengehandelte Wertpapiere, mit denen Anleger auf Rohstoffe setzen können. Im Unterschied zu ETF handelt es sich bei ETC nicht um Fonds, sondern um Schuldverschreibungen. Das heißt, das Geld der Anleger ist bei einer Insolvenz des Emittenten nicht durch ein Sondervermögen geschützt.

Exchange Traded Funds (ETF): Börsengehandelte Fonds. In der Regel bilden ETF einen Index ab. Es handelt sich um börsengehandelte Indexfonds. Für ETF gelten im Vergleich zu anderen Fonds höhere Anforderungen an den Börsenhandel. Ein oder mehrere sogenannte Market Maker müssen an der Börse für bestimmte Ordergrößen verbindliche An- und Verkaufskurse stellen. Das – zusammen mit weiteren Regeln – soll gewährleisten, dass ETF so liquide und präzise bewertet wie möglich an der Börse gehandelt werden können.

Feingehalt: Der Feingehalt von Gold ist der Massenanteil reinen Goldes in einem Schmuckstück, einer Münze oder einem anderen metallischen Gegenstand. Als Feingold wird reines Gold bezeichnet, das mindestens einen Goldanteil von 999 von 1000 aufweist. In der Schmuckindustrie üblich sind 333er-, 585er- und 750er-Legierungen (von jeweils 1000).

Fonds (Investmentfonds): Eine Fondsgesellschaft (Kapitalverwaltungsgesellschaft) sammelt Geld der Anleger und bündelt es in einem Sondervermögen, dem Investmentfonds. Ein Fondsmanager entscheidet, in welche Werte der Strategie des Fonds entsprechend angelegt wird. In Betracht kommen vor allem Investitionen in Aktien (Aktienfonds), festverzinsliche Wertpapiere (Rentenfonds) – oder auch beides (Mischfonds) –, Geldmarktinstrumente (Geldmarktfonds), Immobilien (offene Immobilienfonds) und andere Investmentfonds (Dachfonds).

Fondsanteil: Das Vermögen eines Investmentfonds wird in kleine Fondsanteile gestückelt – gewissermaßen die kleinsten handelbaren Einheiten des Fondsvermögens. Bei Fondssparplänen können allerdings auch Bruchteile gehandelt werden.

Fondsgesellschaft: Offiziell nennt man Fondsgesellschaften Kapitalverwaltungsgesellschaften, früher Kapitalanlagegesellschaften.

Fondsmanager: Fondsmanager verwalten das Vermögen der Anleger eines Fonds und entscheiden, oft gemeinsam mit Analysten aus ihrem Team, welche Wertpapiere sie kaufen oder verkaufen.

Fondsvermögen: Wert eines Investmentfonds, das heißt, die Summe aller Vermögensgegenstände und Forderungen, die dem Fonds gehören, abzüglich der Verbindlichkeiten.

Futures: Futures sind börsengehandelte und standardisierte Terminkontrakte. Sie beziehen sich auf einen Basiswert. Mit Futures können sich Unternehmen etwa gegen Preis- oder Wechselkursänderungen absichern. Finanzinvestoren nutzen Futures zum Beispiel, um auf fallende oder steigende Kurse zu spekulieren.

Gold: Ein chemisches Element mit dem Symbol Au und der Ordnungszahl 79. Gold hat eine hohe Dichte, eine hohe Schmelz- und Siedetemperatur sowie hervorragende Leitfähigkeit für Elektrizität und Wärme. Es wird häufig als Währung, Schmuck und in der Elektronikindustrie verwendet.

Goldbarren: Eine Art von Gold, die in eine bestimmte Form und Größe gegossen wurde, um als Investition und Wertaufbewahrungsmittel zu dienen. Goldbarren können in verschiedenen Größen und Gewichten hergestellt werden und werden oft von Zentralbanken und Investoren gehalten.

Goldraffinerie: Eine Anlage, die Gold aus Rohgold (beispielsweise Doré-Gold) extrahiert und raffiniert, um reines Gold in Form von Barren oder Münzen hervorzu bringen. In einer Goldraffinerie wird das Rohgold geschmolzen, chemisch behandelt und gereinigt, um jegliche Verunreinigungen zu entfernen und reines Gold zu erhalten.

Goldrausch: Eine plötzliche und intensive Suche nach Gold in einer bestimmten Region oder an einem bestimmten Ort.

Goldstandard: Ein monetäres System, bei dem der Wert der Währung an den Wert von Gold gebunden ist. Im Goldstandard können Menschen ihre Währung gegen eine bestimmte Menge an Gold eintauschen. Der Goldstandard wurde von vielen Ländern im späten 19. und frühen 20. Jahrhundert verwendet, aber inzwischen haben fast alle Länder auf flexible Wechselkurse umgestellt.

Good Delivery Standard: Detaillierte Qualitätsvorgaben, die die London Bullion Market Association (LBMA) ihren Mitgliedern für die Einlieferung von Standard(gold)barren vorgibt.

Hebel, gehebelt: Eine Geldanlage ist gehebelt, wenn sie stärker steigt oder stärker fällt als ihr Basiswert.

Hedged: Hedged, abgesichert, steht oft als Namenszusatz bei Fonds mit Währungsabsicherung. Ein Fonds, der zum Beispiel US-Anleihen kauft, das Dollar-Risiko aber in Euro absichert, trägt den Namenszusatz „Euro hedged".

Index: In einem Index werden bestimmte ausgewählte Basiswerte zusammengefasst und deren Wertentwicklung über einen bestimmten Zeitraum dargestellt. Der Index dient als eine Art Marktbarometer. Paradebeispiel ist der Deutsche Aktienindex Dax. Er ist das Marktbarometer für den deutschen Aktienmarkt.

Indexfonds: Fonds, der einen Index abbildet. Da so aktive Managemententscheidungen überflüssig werden, nennt man Indexfonds auch passive Fonds. Zu den bekanntesten Indexfonds zählen ETF (börsengehandelte Indexfonds), wobei nicht alle ETF Indexfonds sind. Dennoch werden die beiden Begriffe meist synonym verwendet.

Inflation: ein Anstieg des allgemeinen Preisniveaus für Waren und Dienstleistungen in einer Volkswirtschaft über einen bestimmten Zeitraum hinweg

Investmentfonds: siehe Fonds

Isin: Abkürzung für International Securities Identification Number. International gültige zwölfstellige Kennnummer für Wertpapiere

Karat (auch Carat): Eine Maßeinheit für den Feingehalt von Gold. Ein Karat entspricht 1/24 Teil der Gesamtmasse, wobei 24 Karat reines Gold bedeutet. Goldschmuck wird oft in Karat angegeben, wobei 18 Karat (75 Prozent Gold) und 14 Karat (58,3 Prozent Gold) die am häufigsten verwendeten sind.

Korrelation: Die Korrelation misst die Beziehung, die die Wertentwicklungen zweier verschiedener Anlagen (zum Beispiel Gold und Aktien) haben. Liegt keine gemeinsame Entwicklung zwischen beiden Werten vor, ergibt sich eine Korrelation von 0. Bei einem Korrelationsgrad von 1 entwickeln sich beide Werte gleich, bei minus 1 gegenläufig.

Krügerrand (auch Krugerrand): Anlagemünze, die von der South African Mint geprägt wird. Sie ist in Südafrika ein offizielles Zahlungsmittel, hat jedoch keinen festen aufgeprägten Nennwert, sondern ihr Wert wird in Bezug auf den Goldpreis jeden Werktag neu festgelegt.

LBMA (London Bullion Market Association): eine Organisation, die den Handel von Gold und Silber in London reguliert
Legierung: eine Mischung aus zwei oder mehr Metallen, die oft verwendet wird, um die Härte und Farbe von Gold zu beeinflussen
Limit: Zusatzangabe bei einer Wertpapierorder, dass nur zu einem bestimmten Preis gekauft oder verkauft werden soll
Liquidität: Fähigkeit, Zahlungsverpflichtungen kurzfristig erfüllen zu können

Maple Leaf: eine Goldmünze, die von der Royal Canadian Mint geprägt wird
Marktkapitalisierung: Sie zeigt den Börsenwert von Aktiengesellschaften. Sie berechnet sich aus der Anzahl der ausgegebenen Aktien multipliziert mit dem Börsenkurs.
Mischfonds: Fonds, die in Aktien und Anleihen investieren
MSCI World: Index der Firma MSCI, der aus rund 1600 Werten besteht. MSCI ist ein bekannter amerikanischer Indexanbieter. Viele ETF, die weltweit investieren, bilden den MSCI World ab.

Nuggets: natürlich vorkommende Klumpen oder Stücke von Gold, die aus Flüssen oder in Bergwerken gewonnen werden können

Passiv gemanagter Fonds: Fonds, der kein aktives Management betreibt, sondern – passiv – einen Index abbildet. Siehe auch Indexfonds beziehungsweise ETF.
Portfolio: Bezeichnung für den Gesamtbestand an Geldanlagen eines Anlegers. Ein breit gestreutes Portfolio beinhaltet eine Mischung aus Aktien, Anleihen, Immobilien, Rohstoffen und liquiden Geldanlagen.

Quellensteuer: Steuer, die direkt an der Quelle abgezogen wird, zum Beispiel auf Dividendenzahlungen im Ausland

Raffination: Prozess, bei dem Gold aus Rohgold gewonnen wird, indem es von anderen Metallen getrennt wird
Recycling (von Gold): Prozess, bei dem Gold aus recyceltem Schmuck, Elektronik und anderen Gegenständen gewonnen wird
Rendite: Die Wertentwicklung einer Anlage in einem bestimmten Zeitraum. Sie wird in der Regel für ein Jahr berechnet.
Renten: anderer Ausdruck für Anleihe

Sammlermünzen: Münzen mit speziellen Motiven oder Inschriften, die an denkwürdige Ereignisse oder bekannte Personen erinnern. Sie eignen sich in der Regel

nicht als Anlage, da sie neben dem Materialwert einen ideellen Sammlerwert haben.
Schuldverschreibung: anderer Begriff für Anleihe
Schwellenländer (Emerging Markets): Staaten, die den Stand eines Entwicklungslandes verlassen haben und sich auf der Schwelle zu einer bedeutsamen industrialisierten Volkswirtschaft befinden. Dazu zählen zum Beispiel Indien, die Türkei, China, Südkorea oder Brasilien.
Short: Englische Bezeichnung für eine Verkäuferposition. Wer „short" geht, kauft Wertpapiere per Leerverkauf oder per Derivat in Erwartung fallender Kurse.
Sondervermögen: Investmentfonds werden typischerweise als Sondervermögen aufgelegt. Die Vermögensgegenstände des Sondervermögens werden von einer Kapitalverwaltungsgesellschaft verwaltet und von einer von ihr unabhängigen Verwahrstelle verwahrt, der Depotbank. Die Kapitalverwaltungsgesellschaft verwaltet das Sondervermögen treuhänderisch für die Anleger und getrennt von ihrem eigenen Vermögen. Der Anleger ist dadurch bei einer Insolvenz der Kapitalverwaltungsgesellschaft vor dem Verlust seiner Fondsanteile geschützt.
Spot-Preis: der aktuelle Marktpreis für eine Unze Gold
Spread: Der Spread (Handelsspanne) ist bei börsennotierten Wertpapieren der Unterschied zwischen dem An- und dem Verkaufskurs. Ein geringer Spread zeigt an, dass ein Papier häufig gehandelt wird, was für Anleger günstig ist.
SRI: SRI steht für „Socially Responsible Investment", also Kapitalanlagen, die Wert auf nachhaltige und verantwortungsbewusste Investitionen legen.
Staatsanleihen: Anleihen, die von Staaten herausgegeben werden
Swap: Ein Swap ist ein Tauschgeschäft. Ein Swap-ETF enthält beliebige Wertpapiere und tauscht deren Wertentwicklung gegen die des Index, den er abbilden will. Tauschpartner ist meist die Mutterbank des Fondsanbieters. Bekannt sind Swaps zum Beispiel auch für den Tausch fester gegen variable Zinsen.

Thesaurierende Fonds: Thesaurierende Fonds zahlen im Gegensatz zu ausschüttenden Fonds die laufenden Erträge der im Fonds enthaltenen Werte nicht an die Anleger aus, sondern legen sie im Fondsvermögen an, sodass sich das Fondsvermögen erhöht.

Unze: Gewichtseinheit. Bei Edelmetallen wird die „Feinunze" verwendet. Sie bezieht sich nur auf den Edelmetallanteil, Verunreinigungen werden also vom Gesamtgewicht abgezogen. Eine Feinunze entspricht rund 31,1 Gramm. Gold- und Silberpreise werden üblicherweise in US-Dollar pro Feinunze angegeben.

Vergleichsindex: siehe Benchmark
Volatilität: Statistisches Maß für Marktschwankungen. Die Volatilität zeigt an, welche Wertschwankungen ein Wertpapier, insbesondere eine Aktie, oder ein Rohstoff über einen bestimmten Zeitraum aufweist. Je stärker und häufiger die Wertschwankungen, desto höher ist die Volatilität und damit auch das Risiko.

Währungsabsicherung: Absicherung einer Anlage gegen Wechselkursrisiken. Währungsgesicherte Fonds erkennt man oft an dem Zusatz „hedged“.
Werbungskosten: Begriff für Aufwendungen, die ein Steuerzahler für den Erwerb, die Sicherung und die Erhaltung von Einnahmen hat
Wertpapier: Urkunde, die ein Vermögensrecht verbrieft. Dazu gehören zum Beispiel Aktien, Anleihen, Schecks und Wechsel.
Wertpapierdepot: siehe Depot
Wertpapierkennnummer: in Deutschland gebräuchliche sechsstellige Kennzahl für Wertpapiere. Siehe auch Isin.
Wiener Philharmoniker: bekannte Goldanlagemünze, die in Wien von der staatlichen Prägestätte Münze Österreich AG geprägt wird
WKN: Abkürzung für Wertpapierkennnummer

Zertifikat: Ein Zertifikat ist rechtlich gesehen eine Schuldverschreibung (Anleihe). Ihre Wertentwicklung hängt von der Entwicklung eines Basiswerts ab. Bekannte Beispiele sind Indexzertifikate oder Hebelzertifikate.
Zinsänderungsrisiko: Wenn sich am Markt die Zinsen ändern, verändert sich auch der Preis der umlaufenden Anleihen. Steigen die Zinsen, sinkt ihr Kurs. Der Effekt ist umso stärker, je länger eine Anleihe noch läuft. Sinkt der Zins, ist der Effekt genau umgekehrt.

Noch mehr Informationen

Nützliche Internetseiten

- **www.test.de/fonds:** Fondsfinder der Stiftung Warentest mit über 23 000 Fonds, mit der jeweiligen Finanztest-Bewertung, Chance-Risiko-Einordnung, Wertentwicklung und vielen Zusatzinformationen.

- **www.gold.de:** Eine Goldkauf-Vergleichsplattform. Unter dem Suchwort „Fakeshop Blacklist" bietet die Webseite eine umfangreiche Sammlung an betrügerischen Verkaufsportalen an sowie einen Fakeshop-Checker.

Nachhaltigkeits-Siegel

- **Fairmined:** https://fairmined.org/de
- **Fairtrade Gold:** www.fairtrade-deutschland.de/produkte/gold

Nachhaltige Barren (Eigenmarken)

- **Auropelli Responsible Gold:** www.responsible-gold.de
- **Valcambi Green Gold:** www.valcambi.com/accreditations-compliance/green-gold
- **C. Hafner CO_2-neutrale Goldbarren:** www.c-hafner.de/produkte-leistungen/feingoldbarren.html

Nützliche Tabellen

Geeignete Gold-ETC

Sie wollen in Gold investieren und legen keinen Wert darauf, das Edelmetall auch physisch zu besitzen? Dann eignen sich Gold-ETC bestens für Ihr Investment. Die beiden folgenden ETC sind nach Einschätzung von Finanztest dafür gut geeignet. Auf Wunsch können Sie sich das Gold gegen Entgelt sogar physisch ausliefern lassen.

Produkt	Isin	Emittent
Euwax Gold II	DE 000 EWG 2LD 7	Börse Stuttgart Securities GmbH
Xetra-Gold	DE 000 A0S 9GB 0	Deutsche Börse Commodities GmbH

Stand 1. Juli 2023. Quelle: FWW, eigene Erhebungen und Bewertungen

Goldhändler in Deutschland

Name	Internetseite	Verkaufsstellen
Agosi (Allgemeine Gold- und Silberscheideanstalt AG)	www.agosi.de	nein
Anlagegold24.de	www.anlagegold24.de	Braunschweig, Gifhorn, Linz (AT)
Hartmut Aschhoff Edelmetalle e. K.	www.aschhoff-edelmetalle.de	nein
Auragentum GmbH	www.auragentum.de	Erding
BM Edelmetalle	www.bm-edelmetalle.de	nein
coininvest.com	www.coininvest.com	nein
Degussa Sonne/Mond Goldhandel	www.degussa-goldhandel.de	Augsburg, Berlin, Düsseldorf, Frankfurt, Hamburg, Hannover, Köln, München, Nürnberg, Pforzheim, Stuttgart
Dresden.Gold	www.dresden.gold	Dresden
ESG Edelmetall-Service	www.edelmetall-handel.de	Rheinstetten
Geiger Edelmetalle	www.geiger-edelmetalle.de	Großpösna, Iggingen/Brainkofen
Göbel Münzen & Edelmetalle	www.anlagemetalle.de	nein
Gold and Silver World	www.gold-and-silver-world.com	Rheinstetten
Gold-Exchange	www.exchange-ag.de	Berlin, Braunschweig, Düsseldorf, Frankfurt, Hamburg, Mannheim, Nürnberg, Potsdam, Stuttgart, Karlsruhe, Hannover

Name	Internetseite	Verkaufsstellen
Gold-Silber-Muenzen-Shop	www.gold-silber-muenzen-shop.de	Nürnberg
Goldkontor Hamburg	www.feingoldhandel.de	Hamburg
GoldSilberShop.de	www.goldsilbershop.de	Mainz, Wiesbaden und bei diversen Partnergeschäften
Granvalora	www.granvalora.de	Diverse Servicestellen
Heimerle + Meule	www.goldzeiten.de	Diverse Partnergeschäfte
heraeus-gold.de	www.heraeus-gold.de	nein
Heubach Edelmetalle	www.heubach-edelmetalle.de	Schwaig
Kettner Edelmetalle	www.kettner-edelmetalle.de	nein
Kober Edelmetalle	www.kober-edelmetalle.de	Pfungstadt
Kronwitter GbR Edelmetalle	www.kronwitter-muenzen.de	Laberweinting
Leihhaus Lohmann	www.leihhaus-lohmann-shop.de	nein
Mezei Münzen	www.mezei-edelmetalle.de	Reutlingen
MP Edelmetalle	www.mp-edelmetalle.de	Köln, Düsseldorf, Siegen, Hannover, Wiesbaden
Muenzkurier.de	www.muenzkurier.de	Hamburg
Münzen Engel	www.muenzen-engel.de	Regensburg
Münzen Müller	www.muenzenmueller.de	Buxheim
Münzhandel Kleiner	www.muenzkauf.de	Heimsheim
Münzland	www.muenzland.com	Dresden
myValor	www.my-valor.de	nein

Name	Internetseite	Verkaufsstellen
philoro Edelmetalle	www.philoro.de	Berlin, Bremen, Düsseldorf, Frankfurt, Freiburg, Hamburg, Leipzig,
pro aurum	www.proaurum.de	München, Berlin, Bad Homburg, Dresden, Düsseldorf, Hamburg, Stuttgart
Rarecoin.de	www.rarecoin.de	nein
Reisebank AG	www.reisebank.de/gold-kaufen	deutschlandweites Filialnetz
Robbe & Berking	www.wertanlagen.robbeberking.de	Flensburg, Kiel, Hamburg, Bremen, Hannover, Berlin, Düsseldorf, Frankfurt am Main, Nürnberg, München
SGV Ohnheiser	www.silber-gold-verkauf.de	Würzburg, Augsburg
Silber-Corner.de	www.silber-corner.de	Erlangen
silber-werte.de	www.silber-werte.de	Hamburg
Silberling.de	www.silberling.de	Kempten
Silbertresor	www.silbertresor.de	Gersthofen
Silberunze	www.silberunze.com	nein
Silverbroker	www.silverbroker.de	nein
Stade Auktionen	www.stade-auktionen.de	nein
Stollberg Edelmetalle	www.stollberg-edelmetalle.de	nein
Trivero Edelmetallhandel	www.trivero-edelmetallhandel.de	Essen

Quelle: gold.de, eigene Recherche, Stand: Februar 2023

NYSE Arca Gold BUGS Index (HUI)

Dieser Aktienindex besteht aus Minengesellschaften, die hauptsächlich Gold fördern. Besonderheit: Die Unternehmen sichern sich nicht gegen schwankende Goldpreise ab und schwanken stärker.

Unternehmen	Indexgewicht
Agnico Eagle Mines	3%
Alamos Gold	3%
Anglogold Ashanti	4%
B2Gold	3%
Barrick Gold	14%
Coeur Mining	3%
Eldorado Gold	3%
Equinox Gold	4%
Franco Nevada	10%
Gold Fields	4%
Harmony Gold Mining	4%
IAMGOLD	4%
Kinross Gold	4%
Minas Buenaventura	3%
Newmont Corporation	14%
Novagold Resources	3%
Osisko Gold Royalties	3%
Royal Gold	3%
Sandstorm Gold	3%
Seabridge Gold	3%
SSR Mining	3%
Wheaton Precious Metals	3%

Quelle: ICE Index Plattform. Stand: 19. Juni 2023

In Deutschland angebotene Goldminen-ETF

Die gesamte Auswahl an Edelmetall-Fonds finden Sie unter www.test.de/fonds, in der Fondsgruppe „Aktien Branchen", Untergruppe „Aktien Rohstoffe Edelmetalle Welt".

Isin	Name des ETF	Zugrunde-liegender Index	Strategie	Bewer-tung
IE00B6R52036	iShares Gold Producers Ucits ETF	S&P Commodity Producers Gold Index	60 börsennotierte Unternehmen, die in Exploration und Förderung von Gold und verwandten Produkten involviert sind (thesaurierend)	1. Wahl
IE00BQQP9F84	VanEck Gold Miners Ucits ETF USD A	NYSE Arca Gold Miners	börsennotierte Unternehmen aus Gold-/Silberbergbau (thesaurierend)	1. Wahl
IE00B3CNHG25	L&G Gold Mining Ucits ETF USD Acc. ETF	Daxglobal Gold Miners	32 Unternehmen der Goldbergbau Branche, die mindestens 50% ihrer Einnahmen mit Goldminen erzielen (thesaurierend)	4 Punkte
LU0488317701	Amundi Lyxor NYSE Arca Gold Bugs DR Ucits ETF I D	NYSE Arca Gold Bugs	Nachbildung der Wertentwicklung des NYSE Arca Gold Bugs (ausschüttend)	4 Punkte
LU0259322260	Market Access NYSE Arca Gold Bugs Ucits ETF	NYSE Arca Gold Bugs	Nachbildung der Wertentwicklung des NYSE Arca Gold Bugs (thesaurierend)	4 Punkte
IE00B7KMNP07	UBS Solactive Global Pure Gold Miners Ucits ETF USD A-dis	Solactive Global Pure Gold Miners	Börsennotierte Unternehmen weltweit, die mind. 90% Ihres Ertrags durch Goldabbau erwirtschaften (ausschüttend)	4 Punkte
IE00BQQP9G91	VanEck Junior Gold Miners Ucits ETF USD A	MVIS Global Junior Gold Miners	Unternehmen, die mind. 50% ihrer Erträge aus Gold/Silberbergbau erzielen (thesaurierend)	4 Punkte
IE00BNTVVR89	HANetf AuAg ESG Gold Mining Ucits ETF Acc	Solactive AuAg ESG Gold Mining	25 Unternehmen, die erhebliche Einnahmen aus Abbau von Edelmetallen erzielen und nach ESG-Kriterien bewertet werden (thesaurierend)	nicht vergeben

Quelle: www.test.de/fonds, Produktgruppe Aktien Rohstoffe Edelmetalle Welt Stand: Juli 2023

Stichwortverzeichnis

G, H

I

K

L

M

N

O

P

R

S

T

U

V

W

X

Z

Die Stiftung Warentest wurde 1964 auf Beschluss des Deutschen Bundestages gegründet, um dem Verbraucher durch vergleichende Tests von Waren und Dienstleistungen eine unabhängige und objektive Unterstützung zu bieten.

Die Autoren: Stefanie Kühn und Markus Kühn sind Honorarberater und Finanzfachwirte (FH). Sie sind gefragte Dozenten und Ratgeber in Presse, Funk und Fernsehen. Beide haben bereits viele Bücher zum Thema Geldanlage veröffentlicht.

Im Buchprogramm der Stiftung Warentest erschienen von ihnen unter anderem bereits die Ratgeber „Handbuch Geldanlage" (4., aktualisierte Auflage) sowie „Geldanlage für Anfänger" (2., aktualisierte Auflage).

Stiftung Warentest
Lützowplatz 11–13
10785 Berlin
Telefon 0 30/26 31–0
Fax 0 30/26 31–25 25
www.test.de
email@stiftung-warentest.de

USt-IdNr.: DE136725570

Vorstand: Hubertus Primus
Weitere Mitglieder der Geschäftsleitung: Dr. Holger Brackemann, Julia Bönisch, Daniel Gläser

Programmleitung: Niclas Dewitz

Autoren: Stefanie Kühn, Markus Kühn
Projektleitung: Johannes Tretau
Lektorat: Magnus Enxing, Münster
Korrektorat: Dirk Drews, Berlin

Fachliche Unterstützung: Roland Aulitzky, Thomas Krüger, Yann Stoffel
Titelentwurf: Christian Königsmann
Layout, Grafik, Satz: Christian Königsmann
Bildnachweis: Adobe Stock (10 vladk213), René Reichelt (40 f.), Ralph Kaiser (71), C. Hafner GmbH (70 f., 85), Goldsilbershop.de (71), Scheideanstalt.de (71), Fairmined (82 f.), Fairtrade (82), LBMA (82), Umicore AG (70, 115), Valcambi SA (82), Getty Images (21 dwassom, 46 Yevgen Romanenko, 66 Bradshaw, 106 olsword, 128 Tuned_In)
Bildredaktion: Anne-Katrin Körbi, Christian Königsmann
Produktion: Christian Königsmann
Verlagsherstellung: Rita Brosius (Ltg.), Romy Alig, Susanne Beeh
Litho: tiff.any, Berlin
Druck: Fromm + Rasch GmbH & Co. KG., Osnabrück

ISBN: 978-3-7471-0682-2

Wir haben für dieses Buch 100 % Recyclingpapier und mineralölfreie Druckfarben verwendet. Stiftung Warentest druckt ausschließlich in Deutschland, weil hier hohe Umweltstandards gelten und kurze Transportwege für geringe CO_2-Emissionen sorgen. Auch die Weiterverarbeitung erfolgt ausschließlich in Deutschland.